图说人文中国

主编 范子烨

茂林风骨

图说魏晋南北朝

范兆飞 撰

商务印书馆
The Commercial Press
2016年·北京

图书在版编目(CIP)数据

茂林风骨:图说魏晋南北朝/范兆飞撰.—北京:商务印书馆,2016
(图说人文中国)
ISBN 978-7-100-12689-2

Ⅰ.①茂… Ⅱ.①范… Ⅲ.①文化史—中国—魏晋南北朝时代—图集 Ⅳ.①K235.03-64

中国版本图书馆 CIP 数据核字(2016)第 262214 号

所有权利保留。
未经许可,不得以任何方式使用。

茂林风骨——图说魏晋南北朝
范兆飞 撰

商 务 印 书 馆 出 版
(北京王府井大街36号 邮政编码100710)
商 务 印 书 馆 发 行
北京新华印刷有限公司印刷
ISBN 978-7-100-12689-2

2016年12月第1版　　开本 787×1092　1/16
2016年12月北京第1次印刷　印张 9¾
定价:36.00元

目录

导读 / 001

人物篇
- 能臣还是奸雄：曹操 / 006
- 鞠躬尽瘁的诸葛亮 / 009
- 阮籍和嵇康 / 013
- 悠然见南山：陶渊明 / 017
- 金戈铁马：刘裕 / 019
- 修史惹祸的崔浩 / 023

民族篇
- 匈奴与汉赵 / 028
- 鲜卑与诸燕 / 032
- 氐族与前秦 / 036

政治篇
- 高平陵政变 / 040
- 胡汉分治 / 043
- 北方民族的汉化运动 / 046

军事篇
- 祖逖和桓温的北伐事业 / 050
- 耕战兼备的坞壁组织 / 053
- 淝水之战 / 056
- 参合陂之役 / 058

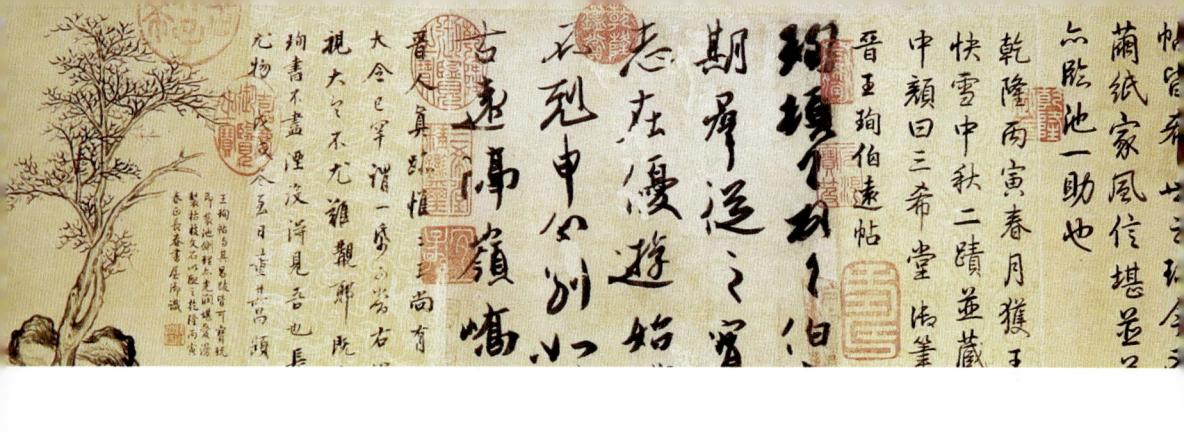

士族篇	士族与皇帝共天下 / 064	
	士族婚姻门当户对 / 068	

制度篇	九品中正制 / 074	
	子贵母死 / 076	
	府兵制 / 079	

文化篇	玄学思潮 / 084	
	史学崛起 / 087	

宗教篇	佛教征服中国？ / 092	
	土生土长的道教 / 098	

艺术篇	书法瑰宝 / 102	
	绘画成就 / 107	
	胡乐胡舞 / 111	
	石窟艺术 / 117	

科技篇	《齐民要术》 / 122	
	青瓷制造 / 124	

生活篇	饮食习俗 / 128	
	服饰之繁 / 133	

交流篇	使节往来 / 138	
	货通天下 / 140	

结　语　　／ 145

参考书目　／ 147

导读

从公元220年曹丕建魏代汉，到589年隋文帝消灭陈朝，中国处于长达近四百年的大分裂时期，统称魏晋南北朝。这个时期政治分裂，战争频繁，朝代更迭如走马灯。该时期大致分为三个历史阶段：第一阶段是三国鼎立至西晋灭亡；第二阶段是东晋十六国时期；第三阶段是北魏统一北方和刘宋代晋，迄于隋朝统一中国的南北朝时期。

汉帝国崩溃以后，三国鼎立的格局持续近半个世纪之久（220—265）。184年，张角以道教为宣传手段，发动声势浩大的黄巾军起义。东汉政权风雨飘摇，实力派人物趁机拥兵自重。200年，曹操在官渡之战中竟然击溃强大的竞争对手袁绍军团。207年，曹操征讨三郡乌桓，胡汉降众多达20余万，曹操从此奠定北方盟主的领袖地位。220年，曹丕继承乃父未竟之业，逼迫汉献帝禅让，建立魏朝。曹魏的两个劲敌分别是赤壁战后隔江观望的孙吴和坚守四川的蜀汉。曹魏在三国实力对比上，占据压倒性优势。户口是冷兵器时代的重要资源，三国末年的人口情况是：魏国443万，孙吴230万，蜀汉94万。263年，曹魏一举荡平羸弱的蜀汉政权。265年，曹魏重臣司马炎仿效曹丕故伎，逼迫魏帝禅让，建立西晋。禅让是魏晋南北朝政权更迭的主要方式。280年，五路晋军以摧枯拉朽之势扫荡孙吴政权，统一中国。西晋终结了近半个世纪的分裂局面，但不过是秦汉帝国大一统的回光返照，仅仅维持了三十七年，复制汉帝国的辉煌不过是水月镜花，内忧外患迅速把西晋王朝推向命运的深渊。291—305年，尾大不掉的西晋宗王觊觎皇权，内讧迭起，激烈厮杀。内迁中国的胡族力量趁机反晋。311年，匈奴人刘聪攻灭西晋都城洛阳。316年，匈奴人刘曜攻破长安，愍帝出降，西晋亡国，中国再次陷入长期分裂的"新战国"时期。

接下来的一个世纪中，中国进入五胡十六国时代。十六国的历史以淝水之战为分水岭，前期是汉、前赵、后赵、冉魏、前燕和前秦等国。383年，统一北方的氐人首领苻坚纠集83万由各个民族构成的"杂牌军"，企图一举灭掉东晋，双方激战于淝水。秦军遇到谢玄领导的北府兵，一触即溃，前秦政权随之瓦解，北方再度陷入混乱。而东晋政权内部的矛盾像恶性肿瘤一样，滋生蔓延，东晋最终亡于北府兵出身的刘裕。其后，宋、齐、梁、陈相继建都南京，统称南朝（420—589）。这四个短命的王朝均为寒门出身的军人所建，但在社会舞台上占据主角的依然是高门大族。南朝的政治权威屡屡受到挑战，破坏性最大的一次是侯景之乱。548年，侯景率领满腔怒火的民众攻陷南京，金粉世家惨遭兵燹，六朝文明付之一炬。

淝水战后，北部中国进入五胡十六国后期。外强中干的前秦政权分裂为燕、秦、凉三股政治力量，许多小国互相攻夺。一直到439年，北魏重新统一北方，混乱局面才宣告终结。北魏的建立者是鲜卑拓跋部。494年，北魏孝文帝迁都洛阳，实行全面的汉化改制。当然，不是所有的北魏人都赞同汉化措施。524年，汉化的洛阳政权遭到北方镇戍力量的集体反抗，北部边疆的六镇连续发生兵变，反抗力量像乌云一样，密布于北魏政权的大多数城镇。鏖战的烟雾散去，实权落于靠镇压叛军起家的尔朱荣掌中。528年，尔朱荣向洛阳进兵，残杀北魏朝臣二千余人，沉杀胡太后及幼主于滚滚黄河，北魏一朝精英冠冕沦为鱼饵。530年，孝庄帝不甘沦为傀儡，绝地反击，谋杀尔朱荣。尔朱荣侄子尔朱兆赶来复仇，弑孝庄帝，立节闵帝。533年，高欢消灭尔朱氏，又立元脩为孝武帝。元脩不愿被高欢摆布，西逃关中，投奔宇文泰。高欢另立元善见为孝静帝，迁都于邺。535年，宇文泰杀死元脩，另立元宝炬为魏文帝。强大的北魏自此分裂为东魏和西魏，北部中国再次进入分裂时期。536—543年，东、西魏政权先后在小关、沙苑、河桥和邙山展开激战，最惨烈的战役是546年的玉壁（山西稷山西南）之战。战后不久，高欢抑郁而终。550年，高洋取代孝静帝元善见，建立北齐。557年，宇文觉登天子位，废西魏，建立北周。575年，北周远交近攻，联合南方的陈朝，讨伐北齐。577年，北齐灭亡。北周进而蚕食鲸吞了大片领土，统一北方，北周国力臻于鼎盛。然而，周武帝猝死，北周政局悄然发生变化。581年，北周皇后之父杨坚篡位成功，建立隋朝。北方改朝换代的乱象，挡不住北方力量的蓬勃发展。相形之下，南方的陈朝江河日下。589年，隋朝消灭陈朝。中国近四百年的分裂之局，至此复归统一。

动荡和分裂固然是魏晋南北朝的主旋律，但是其积极性的因素也为数不少：

社会思潮的更新换代　儒学式微，玄学渐兴，何晏、王弼是魏晋玄学的旗手。老庄"自然"和儒家"名教"的统一，构成魏晋文化的主流思想。何、王之后，魏晋士人中崇尚玄学最为著名的，当属竹林七贤。西晋亡后，部分士族衣冠南渡，随之过江的还有玄学思想。东晋一朝，玄风大炽，出现玄学和佛学合流的局面。南朝文史经佛并重，玄学逐渐失去活力。

多元思想的兼容并包　印度传来的佛教开始"征服"中国士民的心灵世界，并深刻影响着此后千百年的中国。当上至皇帝、下至平民都成为佛教的信徒时，寺庙庭院遂遍布大江南北。佛经翻译成为文化界的盛况。"南朝四百八十四寺，多少楼台烟雨中"，正是佛教"征服"中国的真实写照。今人几乎都会被佛教或华美或壮观的建筑艺术所震撼，无论是云冈石窟的雄浑大气，还是敦煌石窟的美轮美奂。三国以来，道教逐渐流行。道教在教义、戒律、仪式等方面进行改造，道观大规模涌现，道教因此和佛教并驾齐驱，深刻影响着中国的传统文化。

少数民族的文化熔炉　西晋灭亡后，匈奴、鲜卑、羯、氐、羌等民族还保持着各自的民族语言和生活习俗。十六国时期，名僧佛图澄曾以羯语劝励石勒。北魏初期，鲜卑语盛行。孝文帝改制以后，朝堂之上禁说鲜卑语。东晋统治境域内的蛮、俚、僚等族也是各操语言。十六国北魏前期，胡人多穿胡服。孝文帝汉化措施虽然禁止穿鲜卑服，但这条禁令也没有被完全执行。北朝墓葬壁画中胡服和汉服杂糅，正是这种情况的写照。民族融合的规模和程度前所未见，奠定了隋唐帝国的民族基础。

经济生活的多彩多姿　四百年的分裂带来人口的大流动，不同地域、不同民族的人们在饮食、服饰和文化上互相影响。北方游牧民族的饮食，以食肉饮奶酪为主要特征。胡人的饮食如奶酪、胡饼、胡饭等，逐渐成为汉族民众喜爱的美食。合胡汉饮食为一体的酥茶和奶茶，成为普通民众舌尖上的美味，亦是胡汉文化交融的反映。胡服在中原地区的流行和影响，使秦汉以来"上衣下裳"的服饰主流，逐渐向"上衣下裤"过渡。这种衣着习俗由北方传至南方，隋唐以后，成为汉族人民的普遍服饰。

中西交流的日益频繁　连接东西方的丝绸之路日益繁荣，它不仅是中外商品贸易的通道，也是东西文化交流的桥梁。大量外国人慕名侨居中国。佛教、胡乐、物产等文明沿着丝绸之路传入中国。海上交通也空前发展，许多国家的风土人情进入中国人的生活世界。

人物篇

能臣还是奸雄：曹操

曹操，沛国谯（今安徽亳县）人，祖父曹腾是汉桓帝时的大宦官，因功封费亭侯。父曹嵩系曹腾养子，依靠在东汉政坛炙手可热的宦官势力，仕途通达，官拜汉代最高行政首脑太尉。曹操出身显赫，可是在汉末士大夫和宦官形同水火的大背景下，其竞争对手袁绍就曾用"乞丐携养，赘阉遗丑"来攻击他的出身。但是，《三国志》的作者陈寿却美化其祖先，将其攀附至西汉的开国功臣曹参。

曹操自幼机警，通晓权变，任侠放荡。许劭评价他是"治世之能臣，乱世之奸雄"。曹操势力的崛起，有两个非常关键的步骤。其一，195年，曹操采取谋士荀彧的建议，迎纳汉献帝于许下，挟天子以令诸侯，由此获得巨大的政治优势。其二，进行屯田。汉末残酷的军阀战争，造成社会经济的极大破坏，建安诗人的诗句"白骨露于野，千里无鸡鸣"，正是对当时民生凋零、经济残破的生动反映。曹操在许下的屯田非常成功，一年得到谷物100万斛。随后在州郡广置田官，开始大规模地屯田，由此获得巨大的经济优势。这两步棋是曹操统一北方的胜负手。

随着曹操势力的成长壮大，袁绍集团率领精兵十万、骑万匹向曹操进攻，两军在官渡（今河南中牟县东北）对垒将近一年。200年，曹操大破袁绍，这就是东汉末年有名的官渡之战。袁绍家族，自高祖袁安以下，四世三公，门生故吏遍布天下。这正是袁绍在关东振臂一呼、应者云集的社会基础。官渡之战，决定了曹操统一北方的局面。208年，曹操踌躇满志，欲统一南北，兼并长江流域，而引发了赤壁之战。在曹军兵临城下的危险局势下，割据江东的孙吴政权和占有荆州的刘备势力兵合一处，共抗曹军。孙、刘联军人数虽少，但长于水战，兼以孙权和刘备在江东与荆州都得到广大士庶的拥护。赤壁鏖兵，不习水战、不服水土的曹操军队铩羽而归，曹操势力撤回北方，由此奠定三国鼎立的政治格局。

219年，镇守荆州的关羽挥军北伐，声势浩大，威震华夏。曹操一度想迁都邺城，躲避关羽的凌厉兵锋。孙权部将吕蒙白衣渡江，袭杀关羽，蜀汉势力从此被封锁在三峡之内。孙权向曹操上书称臣，建议曹操称帝。曹操说："是儿欲踞吾著炉火上邪！"曹操以周文王自诩，他认识到，汉魏嬗代的时机还不太成熟，贸然称帝会招致天下士人的强烈反对。220年初，曹操病死洛阳。十个月后，长子曹丕代汉称帝，国号为魏，追尊曹操为太祖武皇帝。

| 临漳邺城金虎台遗址

金虎台，由曹操始建于213年，位于邺城西部，为"金虎、铜雀、冰井"三台之一，曹魏时"高八丈，台上有屋一百三十五间"。后为避后赵建武帝石虎讳，改称"金凤台"。十六国后期，战争频仍，三台残破。明代中期以后，漳河泛滥，冰井台全部、铜雀台大部被漳水冲没，唯金虎台独存。其后游人多将金虎台误以为铜雀台，以讹传讹，相沿至今。

曹魏青铜弩机
曹魏正始二年（241） 长11.9厘米 现藏中国国家博物馆

弩是战国以降广泛使用的发箭兵器。弩机是弩的机发部件。最迟在曹魏正始年间，弩已经由尚方官署的中、左尚方负责监制，一个生产"牙""悬刀"等金属部件，一个生产弩臂等木制部件。该弩机上还刻有制造年月和工匠名号等文字。

曹魏陶耳杯
长约11厘米 1951年山东东阿曹植墓出土

陶耳杯是随葬用品。耳杯又名"羽觞"，是六朝时期最为常见的酒器，一般为漆器、青瓷器，长圆形，两侧有把。曹植和曹丕争夺皇位继承人失败。后曹丕称帝，分封诸弟为诸侯王，设立禁令严加控制。其后，曹植被诬告酗酒违法，怠慢误事。曹植含恨而死，葬东阿鱼山，随葬的百余件物品都是简陋的陶器。

鞠躬尽瘁的诸葛亮

诸葛亮，字孔明，琅琊阳都人。诸葛亮出身世家，但父母早亡，他投靠叔父诸葛玄，继而随诸葛玄投奔荆州牧刘表。诸葛玄死后，诸葛亮躬耕于襄阳西北二十里的隆中，悠游岁月。诸葛亮读书不拘泥于章句之学，而是观其大略，因此年纪轻轻便能熟知天文地理，精通兵书，同时胸襟远大，经常自比管仲和乐毅。

三顾茅庐图
绢本　设色　纵172.2厘米　横107厘米　现藏故宫博物院

该图系明画家戴进所作。画面描绘刘备三顾茅庐、邀请诸葛亮出山辅佐的故事，人物生动而细致，举止传神。

曹操在官渡击溃袁绍军团之后，接着进攻刘备。刘备狼狈地投奔荆州牧刘表，刘表待以上宾之礼，让他领兵驻扎新野。刘备屯驻新野期间，广交荆楚豪杰，最为人知的就是他三顾茅庐，邀请二十六七岁的诸葛亮出山。诸葛亮对求贤若渴的刘备纵论天下时局，这就是著名的《隆中对》。其核心思想就是"跨有荆益"，即占领荆州和益州，以此对抗曹魏与孙吴。诸葛亮同时为刘备指明了敌人与盟友，即联吴抗曹。蜀汉政权以"兴复汉室"作为政治口

关羽擒将图

绢本　设色　纵198厘米　横236厘米　现藏故宫博物院

此图出自商喜之手，描绘蜀汉大将关羽北伐中原、水淹七军、活捉庞德的故事。画面中关羽器宇轩昂，潇洒从容，而庞德衣衫不整，却神情狰狞，桀骜不驯。该画颇有民间壁画的痕迹，设色浓重华美，构图雄伟壮丽。

号，而将曹操政权斥为"汉贼"。211 年，刘备进入益州。215 年，刘备攻取汉中，自封汉中王。与此同时，关羽总领荆州军政，"跨有荆益"的战略设想初具规模。但是，刘备势力不能同时支撑荆州和益州两个地区。219 年，关羽痛失荆州。221 年，刘备率军东征，意图夺回荆州，结果兵败猇亭，蜀汉势力从此龟缩于三峡之内。223 年，刘备病死于白帝城。临终前，他对诸葛亮托付后事，"若嗣子刘禅可辅佐，则辅佐之，如其不行，君可取而代之"，诸葛亮得到空前的政治权威。

诸葛亮辅政后，第一件大事就是修复与孙吴的联盟关系。经过谈判，孙权断绝和曹操的关系，重新和蜀汉政权建立联盟。外交上的成功，为诸葛亮治理内政和平定南中叛乱提供了稳定的外部环

蜀汉持簸箕陶俑
高 54 厘米　1981 年四川忠县出土　现藏中国国家博物馆

这件陶俑头梳高髻，簪花四朵，额头正上方顶一朵大花，衣着长裙，窄袖束腰，左手持簸箕，右手持一棍状工具，戴手镯和串珠。忠县是四川重要的井盐产地，学人推断这座墓的主人是亦官亦商的盐业家族。蜀汉大型墓葬极为罕见，说明益州的土著力量不够强大。

境。诸葛亮在益州厉行法治，赏罚分明，对为非作歹以及敌视刘备政权的豪族官僚予以无情的打击。225年，诸葛亮兵分三路，进军南中。在蜀军与南中叛军的交战过程中，诸葛亮采取攻心术，七擒七纵蛮族首领孟获，从而换取孟获"南人不复反"的政治承诺。诸葛亮平定南中后，秣马厉兵，开始筹划北伐事业。蜀国是三国中户口最少、力量最弱的国家。诸葛亮的北伐，正是以攻为守、不得已而为之的策略。228年，诸葛亮率兵10万开始北伐。234年，诸葛亮病死五丈原军中，卒年54岁。鲁迅说，《三国演义》把刘备的仁慈描写得过于虚假，而又把诸葛亮的智慧描写得过于夸张，正是"欲显刘备之长厚而似伪，状诸葛多智而近妖"。

蜀汉托盘献食陶俑
高46厘米 1981年四川忠县涂井5号崖墓出土 现藏四川省博物馆

5号崖墓是忠县涂井蜀汉崖墓群中规模较大的多室结构墓，出土各类文物140件，其中各种陶俑100余件，随葬器物之多，保存之好，极为罕见。这件陶俑是泥质灰陶，模、塑合制。发式为山字形高髻，插笄束巾，簪花五朵，手腕戴镯。身着右衽长袍。左手托一圆盘，上有耳杯和果肴。右手执圆饼状物体。面部丰满，表情恬淡，正是一位温柔娴淑的女子形象。

阮籍和嵇康

曹魏正始、嘉平年间，在山阳竹林（今河南修武县）中，经常有七位名士在这里执麈谈玄，饮酒赋诗，放浪形骸，他们是嵇康、阮籍、山涛、向秀、阮咸、刘伶和王戎。其中，阮籍（210—263）和嵇康（223—263）最为著名。

嵇康丰神俊朗，是曹操孙沛王曹林的女婿。不幸的是，作为新兴的政治力量，司马氏家族正在迅速崛起。司马懿家族在发动高平陵政变的时候，阮籍和嵇康正处在血气方刚的年龄，他们对司马氏表现出抵抗情绪，嵇康甚至一度响应反对司马氏的起事，可惜功败垂成，由此走上不合作的抵抗道路。嵇康文辞壮丽，任侠豪放，喜好老庄之道，厌恶儒家思想。在嵇康眼中，六经的本质就是扼杀人性。嵇康把六经看作垃圾，把仁义看成腐朽。嵇康和阮籍都是主张无君论的。同为竹林七贤之一的山涛任职吏部尚书，邀请嵇康出山做官。嵇康由此撰写了著名的《与山巨源绝交书》，千载以下读之，其文仍然是快意恣肆，宛若眼前。嵇康的政治态度是"非汤武而薄周孔"，他在《绝交书》中列举了不适合做官的九条理由。嵇康喜欢打铁。贵族子弟钟会有本新作想让嵇康指教，前去拜见，但是嵇康依旧锻铁不止。钟会等了很久正要转身离去，嵇康问他："何所闻而来？何所见而去？"钟会回答："闻所闻而来，见所见而去。"钟会由此怀恨在心，后来把嵇康牵扯在吕安的作乱事件中。嵇康下狱后，引发了很大的政治风波，洛阳数千名太学生为之请愿，当时的豪杰俊士都要随嵇康入狱服罪，但司马氏还是诛杀了他。嵇康临上刑场前，三千名太学生再次请求让嵇康入太学做老师，遭到拒绝。嵇康环顾日影变化，索琴弹之，"《广陵散》于今绝矣"！

阮籍出身名门，其父阮瑀是建安七子之一。阮籍少有大志，但魏晋嬗代之际，天下多事之秋，很少有名士能够苟全性命。在司马氏篡权之后，阮籍和嵇康一样采取不合作态度。阮籍的名篇《大人先生传》，辛辣地讽刺了那些钻营仕途者就像钻进裤子的虱子，迟早会被大火烧得干干净净。阮籍崇尚道法自然，主张无君论，认为人生一世，就应当自由潇洒，反对君主制度，抨击名教礼法。司马昭仰慕阮籍的名望，为其子司马炎求婚，希望和阮籍结为亲家。不料阮籍连日饮酒，酩酊大醉，司马昭派去的使者连续等了近60天，阮籍就是不理不睬，使者无奈之下离开阮府。阮籍听说步兵营厨人擅长酿酒，藏秘酒三百斛，于是请求去做步兵校尉，后人遂称他阮步兵。阮籍也是至孝之人，史书记载他在母亲的葬礼上，食一蒸肫，饮二斗酒，之后举声一号，吐血数升。阮籍对极度悲恸的表达，堪称人伦世界的山崩地裂。阮籍不守礼法，再举一事。阮籍嫂子将回娘家，他摆酒为之饯别，别人觉得阮籍不成体统，阮籍说："礼岂为我设邪！"阮籍曾经来到楚汉交战的古战场，感叹道："时无英雄，使竖子成名！"阮籍和嵇康卒于同年，时年54岁。

| 东晋"竹林七贤及荣启期"砖画局部一

| 东晋"竹林七贤及荣启期"砖画局部二

东晋"竹林七贤及荣启期"砖画局部三
纵88厘米 横240厘米 1960年江苏省南京市西善桥东晋墓出土
现藏南京博物院

这一砖画是中国现存最早、保存最好的模印砖画，出自东晋晚期贵族墓内的两壁之上：一壁模印嵇康、阮籍、山涛和王戎，另一壁模印向秀、刘伶、阮咸和荣启期。人物之间以银杏、松槐、垂柳相隔。前七人即为"竹林七贤"。砖画中嵇康正在抚琴，颇有"手挥五弦，目送归鸿"之意境。阮籍不拘小节，正在"嗜酒而啸"。荣启期为古代高士，故与七贤并列。

孙位《高逸图》局部一（自备）

孙位《高逸图》局部二（自备）

绢本　设色　纵45.2厘米　横168.7厘米　现藏上海博物馆

孙位，唐代著名画家，擅画山水人物、松石墨竹。唐末入蜀，蜀地画山水人物者，皆师法孙位。《高逸图》是其存世的唯一真迹。此图无作者款印，现存卷首有宋徽宗赵佶"瘦金体"墨题"孙位高逸图"。此局部一、二为《竹林七贤图》残卷，图中四贤由右至左依次是："介然不群"的山涛，旁有童子将琴奉上；"不修威仪，善发谈端"的王戎，旁有童子抱持书卷；"纵酒放诞"的刘伶，回顾欲吐，旁有童子持唾壶跪接；"惯作青白眼"的阮籍，旁有童子奉上方斗。孙位继承了顾恺之"劲紧连绵如吐丝"的风格，而更趋成熟，点缀的木石已用皴染之法，开启五代画法之先河。

悠然见南山：陶渊明

　　陶潜，又名陶渊明，字元亮，浔阳柴桑（今江西九江西南）人。曾祖陶侃，官至大司马，一度是影响时局的政治巨子。祖父和父亲都做过地方郡守。陶渊明幼年丧父，跟随母亲与5岁庶出的妹妹相依为命。陶渊明在29岁时才出任州祭酒，但不能忍受事务的烦琐，旋即辞职而去。接下来六七年的时光，他都在柴桑度过，后出任桓玄镇军参军。41岁时，陶渊明担任彭泽县令。当时刚好有监察权的督邮前来巡视，属下告诉他应该束带见之，耿直的陶渊明叹道："吾不能为五斗米折腰向乡里小儿。"于是，仅做了85天彭泽令，他就挂印解绶，飘然离职，回归乡里。陶渊明的做法符合他天师道信徒的身份。

　　陶渊明的诗文是中国文化史上的名篇，他所描绘的超脱、高远的意境，是后人无法望其项背的。《五柳先生传》实际上是他的自传；《桃花源记》《归去来辞》所展现的田园气息，其天真烂漫、冲虚恬淡的生活境界，为后人所推重。陶渊明"性刚才拙，与物多忤"，容易和别人发生冲突。他的伟大之处，正在于他用朴实无华的诗文升华了内心的冲突和矛盾。因此，陶诗中"精卫衔微木，将以填沧海。刑天舞干戚，猛志故常在"是壮如烈酒的抒发，是金刚怒目的感情宣泄。陶渊明是无君论的主张者：他笔下的桃花源就是一个没有君主、没有压迫的极乐世界。

　　陶渊明的诗歌并不是在生前就得到了很高的评价。南朝《诗品》仅将陶诗定为中品。唐人李白、杜甫和白居易开始大力赞扬陶诗。宋人陆游说：学诗当学陶，学书当学颜。晚清诗人黄遵宪故居名"人境庐"。钱穆先生则说：《诗经》《离骚》和陶诗是中国文学的三大高峰。不夸张地说：中国只有一个陶渊明。随手捧读陶诗，便可以让我们得到哪怕一抹的宁静。

　　《陶渊明像》为明代王仲玉所作。画像用白描法，淡墨勾画，偶施浓墨，衣纹线条潇洒飘逸，婉转流畅，表现出六朝隐士卓尔不凡的气质。

陶渊明像
纸本 墨笔
纵 106.8 厘米 横 32.5 厘米
现藏故宫博物院

金戈铁马：刘裕

　　刘裕，小名寄奴，彭城人，自称汉高祖刘邦的后裔。刘裕自幼很穷，曾经以砍柴为生，甚至嗜赌如命，他和人赌钱，输钱之后曾被人绑在马桩子上抽得皮开肉绽。

东晋陶武士俑
明器　灰陶　无釉　高32厘米　1955年江苏南京出土　现藏南京博物院

小髻。右手持盾，左手上弯。盾系长方形，有棱凸出。武士高鼻深目，神情威严。不过窄袖宽袍，稍显臃肿，缺乏勇武气概。这个武士是东晋步兵形象的展现，而步兵是江左政权的常备兵种。也有学者认为这个武士俑代表六朝士族家兵的形象。

刘裕命运的转机，源于他赌博式地加入东晋的精英部队：北府兵。北府，主要指广陵，因其在京师建康之北，故名北府，其后迁于京口。北府兵是由东晋一流高门陈郡谢氏的子弟谢玄所创建，骨干是京口、广陵一带的大量流民武装。东晋一朝的大事变动，大多数与流民武装有关。刘裕加入北府兵，在刘牢之麾下开始建功立业，居然一路升到北府兵统帅的显赫高位。403年，东晋权臣桓玄篡位。在此之前，桓玄派专人来北府兵打探刘裕的政治态度。刘裕说："晋室微弱，民望久移，乘运禅代，有何不可！"实际上，刘裕正在密谋对付桓玄的良策。404年，刘裕在京口起兵，其他北府兵将领在广陵响应，桓玄在北府兵的打击下仓皇逃往江陵，兵败被杀，晋安帝重获皇位。但刘裕是这次篡位事件最大的受益者：他得到了都督中外诸军事、录尚书事的显赫官位，集军权和行政大权于一身。推翻桓玄的篡位，是刘裕的一大功劳，其后的赫赫武功，更是令人叹为观止。

409年，刘裕讨伐南燕。南燕国主慕容超没有听从大臣公孙五楼固守大岘山的建议，而是让刘裕军队长驱直入，企图关门打狗。但是刘裕兵锋凌厉，战力强劲，410年，刘裕攻破南燕国都广固，俘杀王公贵臣三千余人，斩杀慕容超。大概同时，五斗米道的领袖卢循和徐道覆率领道教徒从广州北上，攻城略地，兵临建康城下，刘裕火速从北伐前线撤军驰援，在建康附近击溃这支信奉道教的叛军。416年，刘裕率军北伐，势如破竹，攻破长安，后秦国主姚泓投降。同年，刘裕任相国，称宋公，离篡位登基仅一步之遥。但当时流行着一句政治谶言："昌明之后有二帝。"昌明是晋孝武帝司马曜的字。刘裕先杀晋安帝，又立恭帝。凑足二帝之后，420年，刘裕称帝，国号为宋。以低级士族出身的刘裕，居然推翻高门大族占据主导的东晋朝廷，凭借的正是赫赫武功。千载以下，宋人辛弃疾有词形容云："斜阳草树，寻常巷陌，人道寄奴曾住。想当年，金戈铁马，气吞万里如虎。"

南朝初宁陵右麒麟（童岭提供）
长 3.18 米　残高 2.56 米　尾巴折断无存　现藏江苏南京麒麟门外麒麟镇

　　刘裕陵墓坐北朝南，陵前石刻原来还有石柱等物，时隔不久，石柱便被狂风吹折，早已无存。陵前现存石麒麟一对，起镇陵驱邪之用。东西相向，东为双角，西为独角，均为雄兽，造型相似。南朝石雕虽源自中亚，但很大程度上继承了汉代石雕的风格，改变甚少。此石麒麟雕刻粗犷，体态凝重，属南朝陵墓石刻初期风格。

南朝永宁陵右麒麟（童岭提供）

长 3.19 米　高 3.13 米　现藏江苏南京甘家巷狮子冲

永宁陵麒麟是陈文帝陵前的石刻。这只麒麟体态修长，昂首阔步，体侧刻双翼，是一种有翼神兽，伴有卷云纹，被公认是南京保存最好、最具艺术价值的南朝石刻。

南朝萧恢墓西辟邪（童岭提供）

长 3.46 米　高 3.17 米　体围 4.20 米　现藏江苏南京栖霞镇新合村

萧恢墓前的镇陵怪兽，现存石辟邪两只，均为雄兽，东西相对，间距 19.6 米。东辟邪原来从头至尾纵断为两块，1955 年修复。西辟邪造型相似，昂首张口，长舌垂胸，胸部凸出，头有鬣毛。东辟邪翼饰六翎，而西辟邪翼饰五翎，胸部饰勾云纹，左股前迈，长尾垂地，神情威严，体态肥硕健壮，是六朝石雕艺术的代表作。

修史惹祸的崔浩

450 年，北魏一代名臣崔浩完成了太武帝拓跋焘交给他的修史大业。崔浩本人对新出炉的国史极为满意，在皇太子的赞助和僚属的怂恿下，遂将新修国史勒石刻碑。国史碑林分布于北魏国都平城（今山西大同）东郊三里，占地广阔，"方百三十步"，工程浩大，前后累计耗用人工三百余万。崔浩本意是炫耀举世无双的修史才能，然而祸福相依，却招致一场杀身大祸。

崔浩，字伯渊，小名桃简，出身中古第一流的北方大族：清河崔氏。其父崔宏，号称冀州神童。北魏政权是由非汉族的鲜卑族所建立，父子二人是北魏前期的股肱大臣，虽然作为汉人不能染指军权，但他们仍然能够参与国家要事。崔浩学识渊博，谋略超群，太武帝倚为心膂。早在太武帝任太子期间，崔浩就辅佐监国，有帝师之荣。拓跋焘即位后，崔浩任司徒，位居首席谋主，在北伐柔然、西灭大夏、削平北凉和北燕的过程中，运筹帷幄，决胜千里。太武帝对被征服的部落酋帅说：崔浩虽不能弯弓持矛，但其心胸所怀，逾于甲兵。那么，太武帝和崔浩这对犹如鱼水的君臣关系，怎么会演变成惨绝人寰的血腥杀戮？在崔浩被押往刑场的路上，数十名卫士在他身上撒尿，崔浩呼声嗷嗷，声闻左右。史家悲悯地说："自宰司之被戮，未有如浩者。"崔浩府中秘书郎吏以下悉数被杀，清河崔氏的同族、姻亲之家范阳卢氏、太原郭氏、河东柳氏都在牵连之列。如果不是朝臣高允等人极力阻拦，死于这场惨祸的人将多达数千之众。

崔浩表面的罪名是：尽述国事，备而不典。意思是崔浩修史不慎，触犯龙鳞，惹怒太武帝。所谓触犯忌讳的事情，应该指鲜卑祖先有违人伦之事，例如，道武帝拓跋珪之父死后，其母贺氏为什翼犍收纳。而崔浩毫不隐讳，一一罗列，详尽书写，刻石于路，于是大大刺激了鲜卑皇帝和贵族的自尊心。实际上，同姓而婚、子烝父妾、弟报寡嫂、翁婿连理等，是拓跋鲜卑汉化前夕的部落风俗，也是保护财产、繁衍人口的必要举措。因此，北魏大规模汉化以前，拓跋人依旧坚持着部落旧俗，在汉人眼里的"乱伦"，在他们却是习以为常。

北魏封氏青铜印

印面均长3.5厘米　宽3厘米　1948年河北景县出土　现藏中国国家博物馆

这三个印是北魏大族封磨奴的官印，其中两个为龟钮，一个为环钮。印文均为篆书。渤海封氏是西晋以降的次等士族，封氏成员在十六国前燕、南燕、后燕政权中均有任职。渤海封氏博通经史，尤擅律学，《北齐律》即出自封氏成员之手。封磨奴本人官至冠军将军、怀州刺史，赐爵富城子、高城侯。

北魏建国初期，军政大权始终掌控在拒绝汉化的鲜卑贵族手中，虽然也有一些汉人士大夫身居高位，但前提是不能干涉他们的政治特权和既得利益。崔浩倚仗历任道武、明元、太武三朝的政治资本、汉人士族对他的坚定拥护，以及太武帝对他的信任有加，企图恢复汉人门阀士族的社会地位：整齐人伦，分明姓族。崔浩的姻亲之家太原王氏，世代遗传"齄鼻"（即酒糟鼻）。崔浩初见王慧龙就叹为观止，称他是"真贵种也"，屡屡在朝堂之上向鲜卑贵族盛赞王慧龙相貌俊美。崔浩的作为，引起鲜卑贵族的极大反感。太子拓跋晃监国时，崔浩一次就推荐冀、定、幽、相、并五州汉人士大夫数十人，起家官即为郡守。时任中书侍郎的汉人士族渤海高允听到这件事情后说："崔公其不免乎！"因此，北魏大规模汉化改革之前，鲜卑贵胄和汉人大族之间形同水火，崔浩被杀就是这种矛盾冲突的见证和牺牲品，国史之狱不过是鲜卑人处心积虑罗织的罪名而已。

北魏彩绘执盾武士陶俑

高 30.8 厘米　1965 年河南洛阳元邵墓出土　现藏中国国家博物馆

这件陶俑戴头盔，身穿袴褶服，外罩明光铠，左手握齐腰盾牌，右手所持武器佚失。武士俑金刚怒目，嘴角下撇，表情威严狰狞。北朝墓葬中的这种武士俑一般大于普通武士俑，身材魁梧，有镇墓驱邪之效。

北魏陶镇墓兽

高 25.5 厘米　1965 年河南洛阳元邵墓出土　现藏中国国家博物馆

北魏镇墓兽经常成对出现。这件是狮头兽身，张嘴吐舌，鬃毛直竖，颔下垂有长须，前肢上部两侧卷毛呈飞翼状。另一件是人首兽身。两件均为蹲坐姿态。这件镇墓兽出自元邵墓。元邵死于 528 年的河阴之变。变乱之后，北魏精英被屠戮殆尽，造成北魏帝国的崩溃和分裂。

民族篇

匈奴与汉赵

　　匈奴族是世居欧亚大陆的游牧民族，也是秦汉帝国的劲敌。随着汉帝国的崩溃，兼以魏晋时期中国的自然环境开始进入"小冰河期"，从而加速了匈奴族向南迁徙的步伐。216年，曹操分割南匈奴为五部，每部立贵者为帅，并选拔汉人为司马进行监督。曹魏末年，改帅为都尉。其中，左部都尉统万余落，居于太原兹氏县（今山西临汾市南）；右部都尉六千落，居于祁县（今山西祁县东南）；南部都尉三千落，居于蒲子县（今山西蒲县）；北部都尉四千落，居于新兴县（今山西忻县）；中部都尉六千落，居于大陵县（今山西文水东北）。但这样做，并没有达到分而治之的目标。

西晋"亲晋胡王"青铜印
边长 2.5 厘米　现藏中国国家博物馆

此印系兽形钮，印面方形，印文为阴文"亲晋胡王"。"胡"是古代华夏帝国对某个或某些北方游牧民族的称呼。这些民族主要有匈奴、氐、羌、乌桓、鲜卑、羯等。此处的"胡"指匈奴族。匈奴族在魏晋之际大量迁入中原，曹操曾经把匈奴分为五部，安置在今山西汾河流域。内迁的匈奴族保留了部落组织，匈奴族最高首领是单于，下设左贤王、右贤王等。此印应当是西晋政权颁发给这些匈奴首领的。

南匈奴虽然一分为五，却都居于"晋阳汾涧之滨"的汾河流域，除南部的蒲子外，在行政建制上都属于太原郡的管辖范围。他们还是一个共同体，五部中人数最多的是左部，左部领袖往往由匈奴族最尊贵的左贤王充任。因此，左部自然而然成为匈奴族的核心。魏晋政府的分离政策，虽然促进了匈奴族与汉族的融合，但直到西晋末年，匈奴族仍然保持着自己民族的认同感，这正是刘渊起兵、汉赵建国的滥觞。

刘渊为北部匈奴人，其父刘豹为左部帅。刘豹死，刘渊继任左部帅。刘渊曾经拜汉人崔游为师，学习《尚书》《诗经》和《易经》。刘渊读书之时，有感于武将无文、文士无武，他立志做文武双全的人物。刘渊在五部匈奴中卓有威信，俨然成为匈奴族的实际领袖。西晋末年八王之乱，政局日渐不可收拾。刘渊的祖父、右贤王刘宣认为匈奴振兴的时机来临，遂推刘渊为大单于，刘宣以"晋为无道，奴隶御我"之名义，号召匈奴部众。刘渊听后，也认为西晋已经千疮百孔，乱晋犹如摧枯拉朽，于是改变准备攻击鲜卑和乌桓的战略部署。刘渊不仅拉拢匈奴、鲜卑等少数民族，还笼络汉族士庶。他自称汉室之甥，自诩继承汉室，"兄亡弟绍，不亦可乎？"304年，刘渊起兵，称汉王，追尊高祖刘邦、世祖刘秀、昭烈帝刘备为"三祖"。308年，刘渊称帝，迁都平阳。匈奴的重心从左国城转移到平阳（今临汾）。刘渊死后，其子刘和继位。随后，刘渊四子刘聪杀刘和继位。311年，刘聪的族弟刘曜攻破洛阳，俘虏晋怀帝。316年，又攻破长安，俘虏晋愍帝。匈奴铁骑终于踏灭了西晋。318年，刘曜在长安建立前赵，这个匈奴人的政权被合称为汉赵。329年，石勒攻灭前赵政权。

汉赵建国，匈奴贵族充任官僚，部众纷纷担任士兵，连年的战争也造成了匈奴五部人口的高度分散和耗损，这显然加速了匈奴族和汉族的融合进程。但是，匈奴族没有随着汉赵国的灭亡而彻底消失，匈奴族各部仍然活跃在之后的异族政权中。北魏后期，匈奴族主体各族逐渐消失，与汉民族融为一体。入塞较晚、汉化程度较低的匈奴族一支山胡族，也在隋末唐初完成了与汉族的融合。

骆驼城遗址（贾小军提供）
现存甘肃高台骆驼乡

该城始建于397年，曾是后凉建康郡太守段业另立年号建立的北凉国都城。这个城池马面较少，分前后两城。前城东、西、南正中各有城门，皆有瓮城；前城内西南角有一小城，俗称"宫城"；后城俗称"皇城"。近处为前城，远处为后城。

"大夏真兴"青铜钱
径 2.3 厘米　重约 2.8 克　现藏中国国家博物馆

此钱铸于419—424年间，钱面文字"大夏真兴"，正书而有隶意。形制有王莽币制遗风。夏国由匈奴贵族赫连勃勃所建，历时两代二十四年。431年，吐谷浑灭掉夏国。这是历史上国号和年号叠加合璧的首枚钱币。

| 统万城遗址（李君提供）
现存陕西靖边红墩界乡白城子村

统万城俗称"白城子"，系413年由匈奴铁弗部首领赫连勃勃驱使十万民众耗时六年所建。匈奴没有文字和建筑城池的习惯，此处是匈奴在世界上唯一的遗迹。赫连勃勃当年曾自言"方统一天下，君临万邦，故以统万为名"。筑城监工极其严苛，验收时，铁锥能刺进城墙一寸者，即杀这段城墙的工人，并把尸体填进城墙。

鲜卑与诸燕

东汉末叶，檀石槐称大汗时，鲜卑族分为中、东、西三部。宇文氏属东部，慕容氏属中部，拓跋氏属西部。和其他鲜卑人比较，慕容氏的肤色偏白，故称"白部鲜卑"。294年，酋长慕容廆徙居大棘城（今辽宁义县西南），生活方式逐渐由游牧转向农耕。307—312年，西晋灭亡，慕容廆自称鲜卑大单于。337年，慕容廆子皝自称燕王。343年，慕容皝击溃来犯的后赵石虎军队20万，随之迁都龙城（今辽宁朝阳县），攻破夫余、高句丽，殄灭鲜卑宇文部，声势日盛，成为辽西地区唯一的武装势力。

西晋灭国后，中原地区的世家大族举族迁徙，或南渡江左，或西播凉州，或北投幽州。慕容氏雄踞辽西之后，地缘接近的汉人大族纷纷归附，慕容氏政权开始熏染汉文化的色彩。348年，慕容皝卒，其子慕容儁继位。慕容氏拥有控弦之士20余万。352年，慕容儁出兵消灭冉闵政权，即位称帝，都于邺城，史称前燕。慕容儁企图攻灭东晋和前秦，统一中国，一度下令征兵150万。这个大行动还未展开，慕容儁病死，时年41岁。360年，年仅11岁的太子慕容暐继位，慕容恪任辅政大臣。367年，慕容恪病危，认为吴王慕容垂文武兼资，才能堪比管仲、萧何，遂向慕容暐推荐慕容垂继任大司马之职。慕容暐没有听从慕容恪的临终遗言，而重用性多猜忌的慕容评和慕容冲。369年，桓温北伐，前锋抵达枋头，距离燕都只有二百里，燕人惶恐无措，慕容垂临敌请命，击溃晋军。大捷之后，慕容垂境遇更加困难，遭到慕容暐更深的猜疑，慕容垂被迫出逃，辗转投奔前秦苻坚。370年，苻坚任王猛为统帅，进攻前燕。慕容评集合30万精锐部队在潞川和前秦军对垒相持。慕容评本欲坚壁清野，但慕容暐逼迫其出战，结果燕军大败，精锐尽失。

383年，前秦军在淝水被击败，前秦政权瞬间土崩瓦解。鲜卑慕容垂趁机反秦。东部地区的慕容鲜卑再次展现其强大实力。384年，慕容泓建立西燕政权。386年，慕容垂以中山为都城，建立后燕。394年，慕容垂攻破长子和晋阳，灭西燕。后燕是十六国后期中原地区最强盛的政权。395年，慕容垂派慕容宝北伐拓跋，兵败参合陂。396年，慕容垂病死。拓跋鲜卑的领袖拓跋珪率领精锐

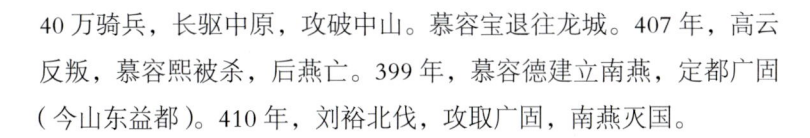

40万骑兵，长驱中原，攻破中山。慕容宝退往龙城。407年，高云反叛，慕容熙被杀，后燕亡。399年，慕容德建立南燕，定都广固（今山东益都）。410年，刘裕北伐，攻取广固，南燕灭国。

十六国北朝马头鹿角形金步摇
通高16.2厘米　1981年内蒙古达尔罕茂明安联合旗出土　现藏中国国家博物馆

步摇是十六国时期北朝北方民族、尤其是鲜卑慕容部所钟爱的一种头饰。据说，慕容部的名称原为"步摇"，因为他们喜爱头戴步摇冠而得名，后来音变为"慕容"。基座为马头，分出鹿角形的枝丫，梢头卷成小环，分别挂着一片片桃形金叶，稍有颤动，金叶就会随之摇曳。走起路来，金叶摆动就像被秋风吹过，灿然作响。此类步摇，经常以草原上常见的马、牛、羊等动物形象作为主题纹饰。

三燕花树状金饰

通高 28 厘米　1957 年辽宁省北票市房身村 2 号墓出土　现藏辽宁省博物馆

　　十六国时期，在今辽西地区先后存在前燕、后燕和北燕三个慕容鲜卑的政权。该墓的发掘，见证了鲜卑族与汉族的融合历程。这是一件冠饰，如枝叶繁茂的花树，素为东胡民族所喜好。基部两侧为镂空的云纹，周边布满针孔。其上为短而宽的树干，共有十六个分枝，缠绕为环，上穿桃形金叶，随风摇曳，琮琮作响。

三燕鸭形玻璃注

长 20.5 厘米　腹径 5.2 厘米　1965 年辽宁省北票市西官营子冯素弗墓出土

　　这件玻璃注淡绿色，半透明，微见银绿色锈渍。通体修长圆润，鸭形，流如鸭嘴状，长颈鼓腹，拖一细长尾，尾尖微残。背脊以玻璃条粘出一对雏鸭形的三角形翅膀，腹下两侧各有一段波状的折纹以为双足，腹底基座是一平正的饼状玻璃。此器重心在前，只有腹部充水至半时，后身加重，才能放稳。造型动中寓静，生动别致，在早期玻璃器物中极为罕见，也是中国东西文化交流的见证。

十六国龟钮金印、鎏金龟钮铜印
金印通高 1.98 厘米　印面长 2.27 厘米　宽 2.35 厘米
铜印通高 2.75 厘米　印面长 2.46 厘米　宽 2.22 厘米
1965 年辽宁省北票市西官营子冯素弗墓出土　现藏辽宁省博物馆

　　金印印文为"范阳公章",铜印印文分别为"车骑大将军章""辽西公章""大司马章"。根据四印对照传统文献,确定墓主人是北燕冯素弗。这四印是十六国遗印中极为难得的有明确国别、年代和印主人可指的官印。金印的含金纯度为 80%—85%,方座,龟口目皆具,引颈而立,腹下中空,四足和底座相连,相连处有蹼、爪纹样。背脊刻八个圆圈纹带,左右两侧分别有六七个圆圈纹带,这和汉龟钮官印背作六角形的龟甲纹不同。印文为阴文篆书,凿制,外有方形边栏。铜印印文系单刀刻划,刻痕细浅,字体疏朗,属明器印。金印、铜印、石砚、铁镜以及高级食具等器物的出土,说明北燕的政治制度和墓葬制度主要是汉制。

氐族与前秦

魏晋以前，氐人集中分布于略阳、天水、武都等地。氐人姓氏和华夏姓氏相同，习俗和羌人接近，但氐人有自己独特的语言（氐语）和习俗（如辫发等）。曹魏时期，氐人开始大规模徙置关中。296年，氐人齐万年拥兵七万，进行反叛西晋的活动，屯兵于梁山、六陌（今陕西、扶风一带），连挫晋军，剿杀西晋名将周处。299年，西晋孟观镇压了这场叛乱。但西晋的平叛，并不能阻挡氐人和羌人向关中地区的迁入，更不意味着氐人问题的彻底解决。西晋的有识之士已经认识到这个问题，江统就指出"关中之人百余万口，率其多少，狄戎居半"。

氐族苻氏，世代为部落小帅，居于略阳临渭（今甘肃秦安县）。西晋崩溃之际，略阳氐族在"戎晋"归附的情况下，形成一个强大的军事集团，推苻洪为首。苻洪自称护氐校尉、秦州刺史、略阳公。333年，苻洪被石虎迁往枋头。350年，苻健又自枋头归于关中，号天王，称帝。355年，苻健死，子苻生继位。苻健的侄

晋归义氐王金印（自备）　　晋归义氐王金印印文（自备）
纵2.25厘米　横2.15厘米　高3.2厘米　重88.5克　现藏上海博物馆

驼钮。印面阴刻"晋归义氐王"五字，布局规整，镌刻细劲犀利，为存世晋代少数民族官印精品。汉晋时代，氐族散居西北及四川地区，不同分支有青氐、白氐、蚺氐等，各有王侯，多受中国册封。"归义"是中原朝廷对边藩朝贡行为的褒美。晋朝赐予氐族王印多铜质或鎏金，此印为金质，与内地诸侯王同制，从一个侧面反映了晋时复杂多变的民族关系。

子苻坚杀死苻生，于 357 年自立为帝。苻坚重用汉人王猛。王猛执法甚严，"朝廷震栗，奸猾屏气"。苻坚和王猛的君臣关系，后人常比附为刘备和诸葛亮。370 年，灭前燕，得郡 157 个，户口 998 万。376 年，苻坚出兵，灭掉前凉张氏和拓跋鲜卑的代国。382 年，苻坚命令氐人贵族吕光进驻西域，自此统一北方，和江左的东晋南北对峙。苻坚又萌发统一全国的雄心壮志，他自恃"投鞭于江，自断其流"。但是，他的这个想法受到很多人的反对，尤其是王猛和氐人贵族苻融等的反对。反对派认为，东晋依然强劲，不易攻取；北方民族矛盾仍然尖锐，隔膜很深。但是，羌人姚苌和鲜卑慕容垂却是进攻东晋的坚决拥护者。383 年，苻坚发兵南侵，在淝水被东晋北府兵击败。淝水战后，前秦政权土崩瓦解。不出王猛和苻融所料，慕容垂、姚苌都乘机落井下石，起兵反秦。385 年，姚苌俘虏并勒死 47 岁的苻坚，北部中国再次陷入混乱和战争之中。386 年，苻坚长子苻丕在慕容垂的威胁下，从邺城向西退至晋阳，在返回关中途中，被东晋将领冯该杀死。394 年，苻坚孙登被羌人姚兴所杀，前秦亡国，凡四十四年。

大秦龙兴化牟古圣瓦当
直径 17.5 厘米　河北易县出土　现藏陕西省历史博物馆

瓦当稍有残缺，中间有凸起的圆芯，瓦面文字为"大秦龙兴化牟古圣"。书体介于楷书和隶书之间。"大秦"指前秦，"龙兴"指前秦建国进行军事扩张的崛起过程，"化牟古圣"则是对前秦君主的赞誉之辞，意思是他们的赫赫功业可以和上古圣君相比肩。

政治篇

高平陵政变

曹魏政权历经曹丕、曹叡两代统治之后,开始走下坡路。239年,年仅8岁的曹芳继位,大将军曹爽和太尉司马懿任辅政大臣。不久,司马懿转为太傅,明升暗降,地位虽然尊崇无比,却是闲职。司马懿,河内温县人,家世二千石,祖父为颍川太守,父亲为京兆尹,司马懿兄弟八人,都有盛名,号为"八达"。司马懿家族的婚配对象,都是世家大族,如司马懿妻子是河内山氏,山涛出自这个家族;司马懿长子师,娶泰山羊氏,是羊祜姊妹;次子司马昭,娶东海王氏,王朗、王肃都是名重一时的经学家。曹操家族的通婚对象,与

曹魏屯营壁画
1973年甘肃嘉峪关出土

画面中部是中军大帐,帐内榻上是一军官,右手持便面,帐外立二侍从,左侍从亦手持便面。大帐外部环绕三重小账,戟、盾立于帐侧,气氛紧张森严。左面为牙门,两侧各竖三面旗帜。该图既是曹魏时期军队屯营的艺术展现,也是极为珍贵的军事史材料。

之相比不啻于天渊之别：曹操妻卞后，出自倡家；曹丕妻郭后，本是女奴；曹叡妻毛氏，则是管理虞车工事的小吏。魏晋之际，世家大族的力量正在崛起，司马氏家族得到他们更多的支持。

曹爽积极安插党羽出任军政要职，力图排挤羽翼渐丰的司马氏势力。司马懿颇为识趣，告病养老，韬光养晦。曹爽对他很不放心，就派将要担任荆州刺史的李胜去司马懿家看望他，假装告别，实际上是探望他的虚实。老辣的司马懿哆哆嗦嗦地端着粥碗，吃得满身都是，装出一副老态龙钟的样子；甚至对李胜说，我来日不多，你现在去并州做刺史，并州那里离胡人很近，恐怕再没有见面的机会了。司马懿演的这出戏骗过了李胜。李胜回去禀告曹爽说，司马懿大限将至。曹爽听后，非常放心。实际上，司马懿在暗中积极布置，以司马师代替夏侯玄为中护军，以蒋济为太尉。

249年，魏帝曹芳和大将军曹爽离开洛阳祭扫魏明帝的高平陵。司马懿绝地反击，发动政变：首先逼迫太后郭氏下诏免除曹爽兄弟的官职；然后矫诏控制洛阳军械仓库——武库；派长子司马师屯兵司马门，列阵阙下；亲自带队和太尉蒋济驻扎洛水浮桥，切断洛阳和高平陵的一切联系。当时外出祭祀的曹爽还是有机会组织力

魏晋出行图
1973年甘肃嘉峪关新城三号墓出土

该出行图构图规整，布色恰当，场面宏阔而不杂乱。左前面一砖上画一导骑，头戴兜鍪。后有两队骑兵策马并行，两侧绘有树林、杂草等。大部分人物、马匹均以墨线勾勒，个别人物和马匹则用赭石充塞。

量反扑的，但是曹爽在关键时刻进退失据，幼稚地认为放弃政治权力之后，退一步还能做富家翁。司马氏集团侥幸取得关键性胜利。数天后，曹爽及其主要党羽何晏、丁谧等人以"阴谋叛逆"的罪名被斩首示众。经过这次政变，曹魏的军政大权全部落在司马懿手中。随后十余年的时间里，司马氏逐步剪除了敌对势力。265年，司马炎废掉曹奂，建立西晋，魏国由此灭亡。司马氏之攘夺天下，向为后人所不耻，同族亦为之羞愧万分。东晋明帝曾经向王导、温峤问起西晋建国的经过，王导详细叙述司马懿诛杀曹爽、翦除异己以及司马昭刺杀高贵乡公的往事，明帝听后掩面抚床说：如果王公所言属实，东晋怎么能江山永固呢？

西晋武吏陶俑

左高20厘米　右高17厘米
1958年湖南长沙出土
现藏中国国家博物馆

这两件陶俑头戴平巾帻，衣着短襦和裤，持刀。身份应该是武吏。魏晋禅代前后，地方军队发生很大的变化。晋武帝平吴之后，撤除地方军队，仅设武吏：大郡100人，小郡50人。这些武吏是地方政府的军事依靠。

西晋骑马陶俑

高22—24厘米　1958年湖南长沙出土　现藏中国国家博物馆

这批陶俑出自西晋一个县令的墓葬。共有29件陶俑，其中7件骑马俑。有的马匹仅一侧有三角形马镫，只能供上马使用。双侧马镫的实物一直到四世纪才出现。

胡汉分治

　　胡汉融合是一个漫长的历史过程。胡族汉化的时间有先后，程度有深浅。即便一个胡族最先进入汉地，接受汉文化，在短时间内也很难完全消除与汉人之间的民族隔阂，难以完全消除夷夏之间的文化鸿沟。西晋崩溃之后，没有南迁的中原士大夫，其生活地成为胡人铁骑纵横的"沦陷区"。他们或多或少地参与胡人政权，有些士大夫甚至取得显赫的声望，但他们有时觉得那是一种耻辱。范阳卢谌临终对其子说："身没之后，但称晋司空从事中郎尔。"卢谌曾经出仕石勒的后赵政权，但他对后赵政权的敌视态度，代表着中原士大夫对胡族的政治态度：晋才是正统，在羯人建立的后赵任官是一种耻辱。

　　与此对应，胡人统治者对待汉人，固然任用汉人士大夫，实行汉文化，但是夷狄和汉人之间的差异并不能完全消除，这集中体现在胡族统治者实行的胡汉分治政策上。这种历史现象最先出现在匈奴族建立的汉赵政权中。汉赵政权最核心的部分是诸子兵，设置辅汉等大将军17员，每营配兵2000人，皆以诸子领之，这是政权中最核心最中坚的部分。汉赵政权以单于台统领胡人，其下设有左右单于辅，分别统领匈奴族以外的胡人部落；以皇帝统领汉人。皇帝之下，分设左右司隶，各领户20余万；万户置一内史，内史43个。刘聪、刘曜等人身兼单于、皇帝于一身。胡和汉、部落和编户遂形成两个泾渭分明的系统，分开治理。一般说，从事农耕的是汉人，从事打仗的是胡人。这就是胡汉分治。在这种政策下，六夷部落出于作战的需要，经常被集中于京畿单于台之下，尤其是充当禁军的本部人马，更是必须集中于京畿重地。而汉族编户用于耕织，不能集中迁到京畿地区，大多数汉人仍旧散布在地方州郡。石勒的时候，也是如此。石勒把汉人士大夫集中在一起，成立了一个高级参谋机构——"君子营"，专门给他出谋划策，承担行政事务。石勒称帝之后，以大单于镇抚六夷，并且"号胡为国人"，从而和汉人及其他胡族区别对待。羯人被集中于襄国单于台下，负责禁卫。后来冉闵之乱，大肆诛杀麇集襄国的羯人，这正是后赵政权大伤元气、无力复国的根本原因。

西魏彩绘文官和武官陶俑
左俑高 38.9 厘米　右俑高 40.2 厘米
1977 年陕西汉中出土
现藏中国国家博物馆

　　武官陶俑（右）头顶饰花，头顶后方有一长发髻，称为"椎髻"；身穿宽袖短上衣，筒形裙裤。文官陶俑（左）头戴小冠，穿袴褶服。戴小冠者应是汉人或汉化的胡人形象，梳椎髻者则是胡人或胡化官吏的形象；这是胡汉分治在头饰上的显著体现。

北齐鲜卑服武士陶俑
高 24.3 厘米　1955 年山西太原出土　现藏中国国家博物馆

这两件陶武士俑身穿袴褶服，上衣小袖，裸露右臂。袴褶服的样式为上身是短衣或短袍，下身为裤。北亚游牧民族进入中原后，不同程度地汉化，以孝文帝的汉化改制为最。北魏宫廷朝服俱为汉服，但是一些在野的鲜卑人仍然穿着鲜卑服装。东魏、北齐出现胡化的潮流，朝野弥漫着浓厚的鲜卑文化氛围。该时期的墓葬显示，汉人、鲜卑人穿着本民族的服装，两类陶俑的数量都不少。这两件武士俑显示出鲜卑风尚的存在。

十六国彩绘木马
高 25 厘米　长 40 厘米　1964 年新疆吐鲁番出土　现藏新疆维吾尔自治区博物馆

这类木马是供死者到阴间乘骑的明器。此马大部分由木料制成，然后以扣接榫卯、以胶粘法粘成一个整体，最后以红、黑、绿三色涂饰。低垂的"障泥"为黑色，并有马镫。马身体比例有所失调，雕刻线条略嫌笨拙，但是神态生动，富有情趣。

北方民族的汉化运动

西晋帝国的灭亡，导致五胡民族相继在中原大地建立胡人政权。面对汉族广阔肥沃的土地、密集众多的人口、高度发达的经济文化以及相对先进的帝国制度，他们深深感到陷入一种"四面楚歌"的文化困境之中。高明的统治者任用汉人士大夫，提倡制度的全面汉化，通过改革本民族的风俗，加速与汉族的融合，从而巩固在中原地区的统治。但是，改革的同时，必然会触动本民族的固有传统和贵族的既得利益，而经常招致反对的声音。因此，汉化与反汉化就如孪生兄弟，此消彼长，彼此激荡，伴随着五胡十六国的历史进程。

北魏"列女古贤"故事木板漆画屏风局部
高 80 厘米
1965—1966 年山西大同出土
现藏山西省博物院

这是北魏重臣司马金龙的陪葬物品，其中保存较好的木板屏风漆画共有五块。人物描摹色彩富丽堂皇，略有渲染，线条工整飘逸，颇富顾恺之《女史箴图》的笔意。榜题字体具有从晋隶向楷书过渡的特征。内容大概采自汉代刘向《列女传》。厉行汉化的北魏政府，用人体现出兼容并包的方针，对于南朝北投者尤能拔擢使用，委以方镇重任。司马金龙即为一例，他原是晋朝皇室后裔，其后降附北魏，任云中镇将，与鲜卑贵族通婚，地位显赫。这件屏风，正是北魏推行汉化政策、推崇儒家文化的例证。

十六国建立政权的各个民族之中，拓跋部建立政权最晚，入塞也最晚。正因为如此，它最为保守，保存了很多原始部落的习俗，在外部形象上，长期保持着梳辫子的传统。所以，南方政权把这一支北方民族叫作"索虏"，索就是绳索，索虏就是拓跋部。但是拓跋部入塞之后，毕竟在不断地接受汉族的文化和制度，经过道武帝、明元帝、文成帝、献文帝，到拓跋宏之时，不断地积累，形成了一个汉化的高峰。孝文帝实行的一系列汉化改革，波及面之广、规模之大、政策之激烈，值得赞叹。

首先是政治体制和官僚制度的改革。太和八年颁行俸禄制度，赃满一匹者死，北魏的吏治开始好转。另外，完善考课制度。五品以上的官，孝文帝亲临朝廷考课，实行赏罚，场面严肃，考课认真，与东晋南朝贵族子弟的无所事事，形成鲜明对比。孝文帝重用从南方北投的大士族王肃，协助改制，颁布《职员令》，改革官品，北朝的位阶体制更加整齐化。孝文帝、宣武帝还继续修订法律，修成《魏律》20 篇，下启《北齐律》《隋律》《唐律》。其次是经济制度的改革。实行均田制、租调制和三长制。均田制规定，成年男子授桑田 20 亩，露田 40 亩，成年女子授露田 20 亩。一夫一妇收调帛一匹，租粟二石。最后是文化方面的改革。北魏把都城从平城迁都洛阳，立足中原经济文化中心。禁用胡语胡服，改鲜卑的复姓为汉人的单姓，禁止鲜卑同姓为婚。孝文帝还鼓励鲜卑贵族和汉人士族联姻，他自己"为人表率"，一下子就娶了五家汉族高门的女儿为小媳妇（孝文帝纳范阳卢敏、清河崔宗伯、荥阳郑羲、太原王琼女及陇西李冲女为妃），并为其五个弟弟迎娶汉族高门。这和满族入关限制满汉通婚的政策，形成鲜明对照。

这件陶俑头戴风帽，风帽侧面和后面有下垂的风挡。风帽由北亚游牧民族传入中原地区，又称突骑帽、长帽等，类似现在东北地区的棉帽。多数风帽系圆顶，前沿达于额际。孝文帝汉化改革后，鲜卑服装逐渐被汉地服饰所取代。但是，北朝后期胡化的倾向再次抬头，鲜卑服装重又流行一时。

墓志是记述墓主名讳、家世和生平事迹的文字，刻于石砖之上，埋入墓中。墓志源于东汉，盛行于魏晋。北魏以降，方形墓志成为定制。这块墓志龟形，有盖，题为"魏故处士元君墓志"。志文 19 列，每列 21 字，均为楷书。孝文改制，要求鲜卑贵族改为汉姓，北魏皇族一律由"拓跋"改为"元"姓，并要求迁洛的鲜卑人以河南洛阳为原籍。该墓志就是这些汉化措施的见证。

北魏鲜卑服武士陶俑
高 23 厘米　1948 年河北景县
封氏墓出土　现藏中国国家博物馆

北魏元显㑺墓志
长 71.5 厘米　宽 50.3 厘米
高 38 厘米　1918 年河南洛阳出土

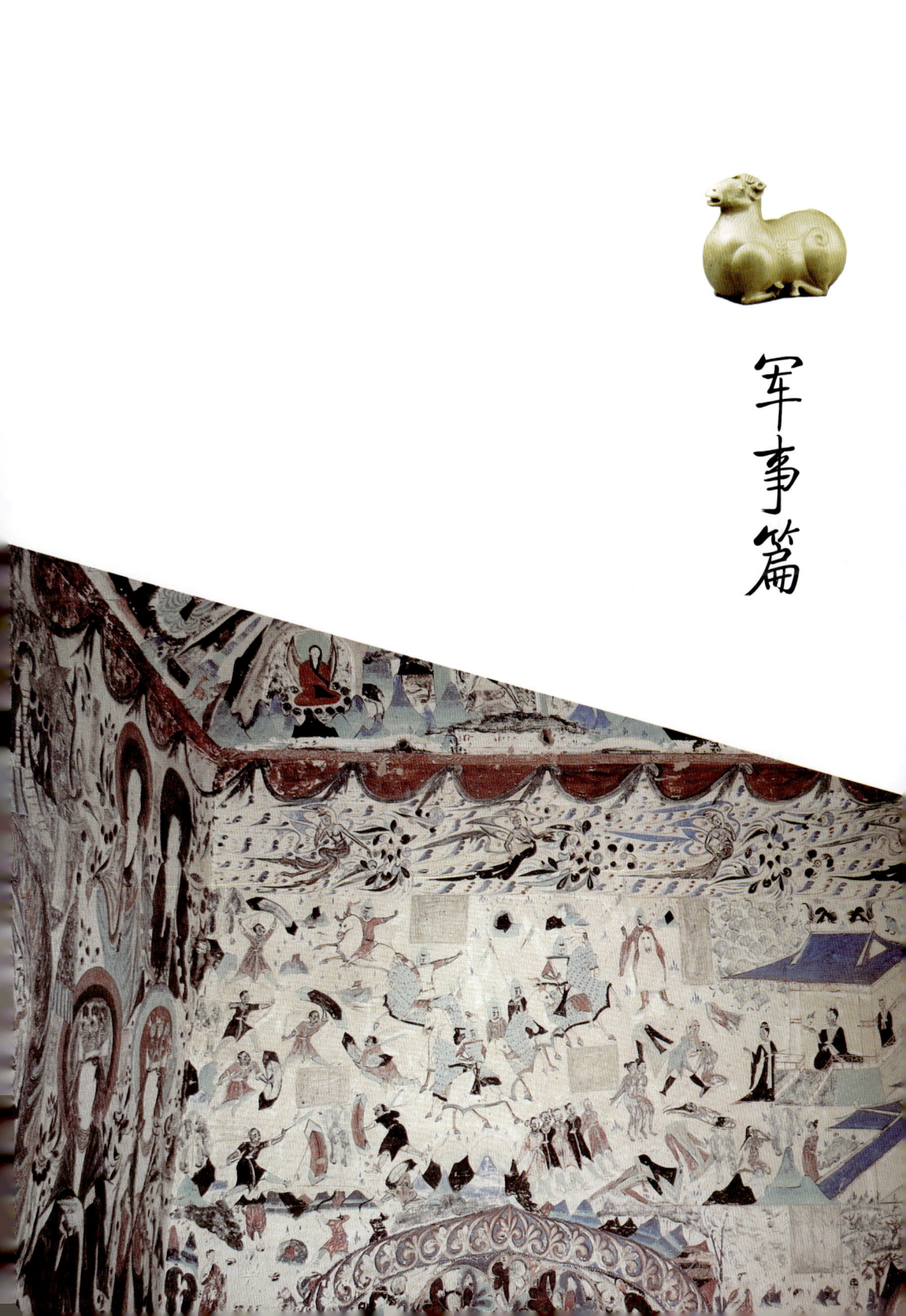

军事篇

祖逖和桓温的北伐事业

311年，西晋洛阳沦陷，中原神州倾覆，胡人铁骑恣意驰骋，汉人衣冠纷纷南渡，有志之士希望恢复失地，北伐成为东晋政权的政治口号。

首先引人注目的是祖逖北伐。祖逖本为北州旧姓，在迁移过程中演变为流民帅，部下都是流民武装，南迁之后居于京口。祖逖少有大志，他与西晋抗胡名将刘琨有"闻鸡起舞"的故事。晋元帝只给了他供养一千人的钱粮，不配兵器和铠甲。祖逖自行招募了一些军队，开始渡江，留下非常雄豪的话："祖逖不能清中原而复济者，有如大江！"辞色壮烈，众人备受鼓舞。经过祖逖的惨淡经营，黄河以南一度进入东晋政权的控制和支配之下。但是，秉性猜忌的晋元帝不信任他，派人监视，致使祖逖非常痛心。321年，祖逖忧愤而死。

东晋陶武士俑
高 52.8 厘米 1965 年江苏南京出土
现藏南京博物院

明器，灰陶胎体，无釉。上身着右衽短衣，里着无领内衣，下身着长裙。露双脚靴尖。右手内弯，左手持盾，颜色为朱。武士面含微笑，神色安详。

东晋的门阀士族还是生机勃勃的。晋成帝时期，庾亮、庾翼兄弟也进行北伐，但乏善可陈。晋穆帝之时，后赵国君石虎死，北方陷入动荡，东晋朝野上下认为有机可乘，北伐很可能取得成功，桓温力主北伐。可是，由于桓温刚刚剿灭十六国之一的成汉国，这个战果很辉煌，一时威名大著，朝廷担心桓温功高震主，不愿意让他主持北伐，再建新功。于是，外戚褚裒、清谈家殷浩先后受命北伐，结果都是大败而归。如此，桓温主持北伐就成为大势所趋了。桓温的北伐有三次。第一次，354年，桓温率军四万，长驱直入攻进关中，进军灞上，打到长安的京郊。但是到了长安之后，前秦苻坚拒不出战，坚壁清野。桓温钱粮不继，只好退兵。第二次，356年，桓温仍然从长江上游的江陵出兵，居然夺回了故都洛阳。桓温上表，请求东晋朝廷把都城从建康迁回洛阳，朝廷并未答应。第三次，369年，桓温为了继续建立功绩，伐前燕，初期取得了若干胜利，兵锋抵达枋头，离前燕的都城邺

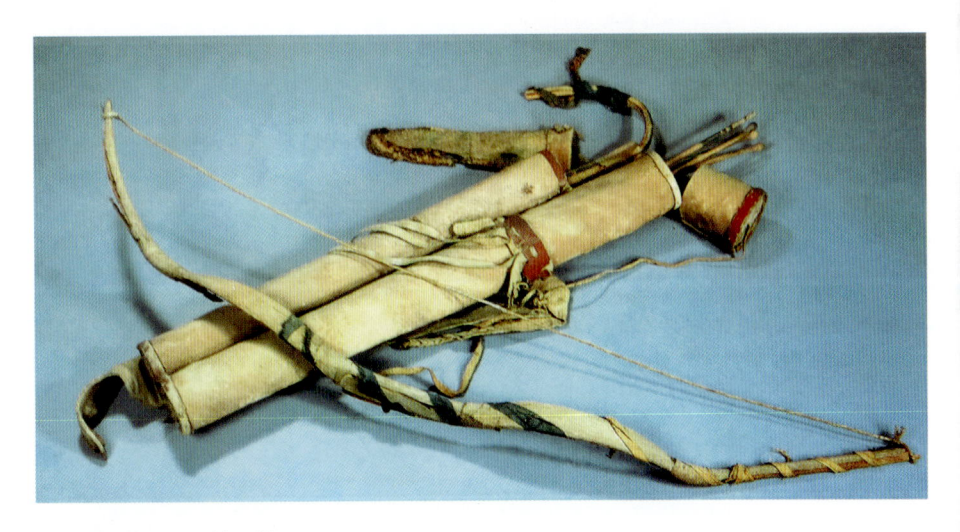

汉晋尼雅遗址弓箭刀鞘
弓长135厘米　箭长84厘米　箙高74—90厘米　弓袋长110厘米
刀鞘长36厘米　1997年新疆和田出土

这些武器出自汉晋西域小城邦精绝国故址。尼雅的一处棺材内躺着一对高加索相貌的男女，合盖一床色彩斑斓的锦被，神态安详。躺在左边的男子穿锦袍、锦裤、丝绸短袄、绸衣、绣鞋，头戴绸面丝锦风帽，身旁随置生前长期穿着的锦袄、强弓、箭杆、簇等。腰带上配置的刀鞘、束发锦袋和箭囊中装置的箭杆、镞等，完好如初。

城只有二百里左右。桓温胜利在望，但这时遇到了可怕的对手，正是慕容垂。在慕容垂的打击下，桓温抛掉辎重，仓皇退军，途中遭遇伏击，损失三万余人。这是一个惨重的失败，导致他所收复的淮北之地全部丧失。桓温的北伐事业，前后将近二十年，一直遭到朝廷的猜忌和牵制，为了还都洛阳，桓温前后上了十余表，北伐的事业最终功败垂成。北伐失败，恼羞成怒的桓温于371年废掉司马奕，拥立简文帝。372年，简文帝死，桓温患病，要求加九锡，准备禅让，东晋宰辅谢安等人使用"拖字诀"，9个月后，桓温病死。

十六国墓主人生活图局部
纵 46.2 厘米　横 105 厘米　1964 年新疆吐鲁番出土
现藏新疆维吾尔自治区博物馆

此图由六张纸拼接而成。正中绘一悬幔，男主人坐榻上，头戴冠，衣着长袍，手执团扇，旁立一侍女。笔法粗放，稚拙古朴。这是我国出土而又保存完好的时代最早的纸本绘画，弥足珍贵。

耕战兼备的坞壁组织

西晋末年，五胡乱华，中原板荡，黄河流域遍布汉族民众自卫防守的坞堡组织。刘曜在河南、安徽一带，攻陷堡壁一百余处。石勒在河北一带，攻陷汉人壁垒一百余所，俘虏坞民近十余万，得到充足的粮食和兵源。每个坞壁必有首领，称作坞主，也称营主、行主等，其身份几乎全部是地方大族。坞民基本上由宗族、宾客、附从以及流民构成。坞民具有亦农亦兵的双重身份，坞主相应具有组织生产和军事防卫两大职能。坞主的产生过程，带有"民主选举"的色彩。坞壁主庾衮在众多坞民前曾经说："古人有言，千人聚而不以一人为主，不散则乱，将若之何？"于是众人推举庾衮为坞主，"今日之主，非君而谁？"坞壁内部产生类似乡规民约的不成文法规，借此强化坞壁的凝聚力。庾衮被推为坞主后，即订立规约："毋恃险，毋怙乱，毋暴邻，毋抽屋，毋樵采人所值，毋谋非德，毋犯非心，戮力一心，同恤危难"，借此维持坞壁内部赏罚分明的社会秩序。

十六国时期的坞壁组织，同时带有游牧民族部落制的色彩。汉晋以降，山西地区是一个民族成分比较复杂的区域，也是匈奴人聚居最多的地区。胡人仿照汉人，结成坞壁，以对抗其他胡人的侵扰。前燕年间，张平跨有新兴、雁门、西河等地，垒壁三百余，胡晋多达十余万户，其中不乏胡人建立的坞壁。淝水战后，前秦政权分崩离析，关陇地区各个部落乘势而起，摆脱前秦控制，分堡而居。

总之，两汉坞壁与魏晋南北朝的坞壁有本质不同，前者是纯粹的军事防御功能，而后者不仅是军事防御组织，也是自成系统、犹如桃花源般的社会组织。

十六国墓坞壁与社树

甘肃酒泉丁家闸五号墓前室南壁壁画。壁画上层生动再现了魏晋时期坞壁内部坞民从事耕地和扬场等农业生产的图景。壁画下层中间有棵大树，其上立有青鸟、鹦鹉、猴子各一。树下立一裸体持帚女性，可能与古代的祭祀有关。左侧有大片的树林，林中有坞。

魏晋墓坞壁图

甘肃嘉峪关新城一号墓前室东壁壁画。画面左侧是高耸的坞壁外景，其上是供侦察敌情和军事防守的门楼，其下则是半闭半合的坞门。门楼右下侧朱书大大的"坞"字。右侧树下拴有战马和耕牛，栅栏内则牛羊成群，显示出坞壁耕战一体的典型特征。

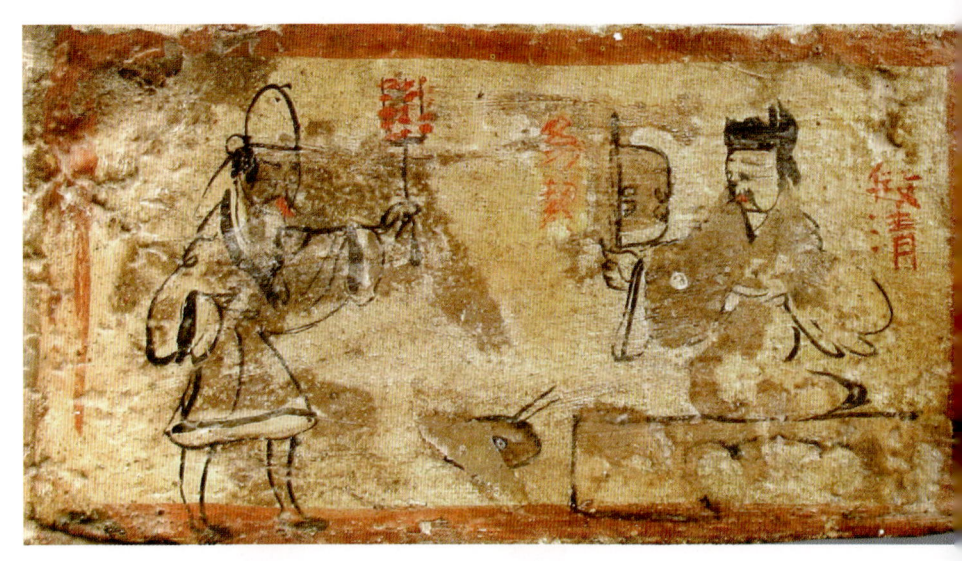

| 魏晋墓坞主像

甘肃嘉峪关新城一号墓前室东壁壁画。画面描绘一仆人手持烤肉串侍奉坞壁主。主人身穿交领宽松长袍，黑缘领袖而袖口收敛。身前置盘，手持便面，头戴黑介帻。主人右侧镌有"段清""幼絜"四字，前者当为坞主姓名，后者为其字。段氏为河西大姓，证明坞主的社会身份为地方大族。

淝水之战

苻坚统一北方之后，盛极一时，出现南北对峙的局面，苻坚由此产生了统一全国的凌云壮志。但是，苻坚的这个想法遭到很多人的反对。他的得力助手王猛临终遗言，东晋虽然偏隅江左，但是正统所系，君臣安和，希望"臣没之后，勿以晋为图"，同时一针见血地指出鲜卑和羌族才是前秦政权的心腹大患。氐人贵族苻融，亦持有与王猛相同的看法。十六国时期的少数民族政权，采取的政策不尽相同。前秦政权立足关中，然后派遣诸子和氐族贵族率领氐人骨干出镇各地，同时把羌人、羯人和鲜卑人迁往关中。在这种情况下，前秦京畿地区布满鲜卑、羌、羯等五花八门的仇敌民族，不少阴谋家如慕容垂、姚苌等都在蓄谋复国，因而构成了潜在的威胁。这说明北方民族融合的过程还未完成。反讽的是，慕容垂和姚苌正是南伐的坚定支持者。

苻坚信心爆棚地认为"投鞭于江，自断其流"。383 年，苻坚悍然调动骑兵 27 万、步兵 60 余万，征讨江左东晋政权，骑兵多为胡人，步兵多为汉人。结果，前锋梁成部在洛涧之役被歼灭。在接

北燕马镫
通高 23 厘米　宽 16.8 厘米　1965 年辽宁北票出土　现藏辽宁省博物馆

这件包鎏金铜片木芯马镫是迄今为止世界上确切年份最早的一份实物。马镫在汉代文物中尚未发现，仅在西晋马俑一侧出现三角形的马镫，系单侧马镫，供上马使用。而这件实物却是双侧马镫，是马具的重要组成部分，做工精良，造型规整，镫环以桑木制成。马镫的出现，使骑兵和战马有机地结合在一起，从而使得骑兵成为冷兵器时代的主力兵种。马镫对于古代战争极为重要，如《大英百科全书》所说："人类骑兵时代的实现居然是因为马镫的发明。"

踵而来的淝水大战中，苻融所部20万精锐骑兵惨遭全歼。这两部分军队都是氐族的柱石。秦军的对手正是百战百胜、骁勇善战的北府兵，由东晋名相谢安的侄子谢玄所创。苻坚的80余万大军，居然一触即溃。美国学者罗杰斯认为，苻坚的87万雄兵是唐代史学家虚构的"神话"。无论如何，外强中干的前秦土崩瓦解。正如王猛和苻融所料，心怀鬼胎的鲜卑慕容垂和羌族姚苌落井下石，乘机反秦。385年，姚苌俘虏并勒死了苻坚。随之，北方再次陷入四分五裂的局面。河西走廊出现了四凉：后凉、南凉、西凉和北凉。东部的慕容族也一度显示了强大的政治能量：慕容泓建立西燕，仅五六年，慕容垂就以中山为都，建立了强大的后燕。在诸燕政权之中，后燕最强。

敦煌莫高窟五百强盗成佛图（自备）
绘制于538—539年　现存敦煌莫高窟第285窟南壁

此图依据《大般涅槃经·梵行品》所绘，是西魏时期的一幅因缘故事画。故事大意是：古印度侨萨国有五百名强盗作乱，国王派兵征讨，激战之后，强盗悉数被俘，遭受酷刑，割鼻剜眼，放逐深山。佛现身为其说法，使其双目复明。强盗皈依佛教，参禅诵经，最后成佛。此图描绘重装甲马的官兵与徒步势弱的强盗激烈交战的场景。官兵乘骑铠马，戴盔披甲，而强盗却是身穿裤褶，麻鞋徒步，力量悬殊显而易见。整幅画面布局紧凑，情节紧张，动人心魄，是研究中国古代军事史的绝佳材料。

参合陂之役

淝水战后，统一北方的前秦政权灰飞烟灭，慕容垂称帝中山，建立后燕，成为北方地区最大的政治集团。与此同时，另一支政治力量也在悄然成长。386 年，鲜卑拓跋部首领拓跋珪也在积极纠集旧部，在牛川（今内蒙古锡拉木林河）召开部落大会，称代王，同年改国号"代"为"魏"。当时塞上最为强大的势力是匈奴独孤部，加上拓跋珪是慕容垂的外甥，慕容垂派其子慕容麟率兵与拓跋珪一起，消灭独孤部与贺兰部。在攻灭独孤部时，拓跋魏虏获马匹30 万，牛羊 400 余万头，摇身变为塞外唯一的强国。

北魏彩绘骑马吹角俑
通高 39 厘米　1953 年陕西西安草场坡出土　现藏陕西省博物馆

北朝陶俑多表现北亚游牧民族的形象和风习。这件陶俑再现了当时北方民族骑士跨上战马、高吹号角的雄姿，具有鲜明的民族特色。

年近古稀的慕容垂目睹拓跋部的日渐强大，感到身死之后拓跋魏必为后燕的头号大敌。同时，慕容垂也想掠取拓跋珪的马匹牲畜来充实他的军备。于是，395年，慕容垂命令太子慕容宝率兵八万进攻拓跋珪。拓跋族还过着"逐水草""无城郭"的游牧生活，居无定所。风闻慕容垂重兵来攻，拓跋珪率部远遁至河南（今内蒙古伊克昭盟）。慕容宝的远征军出师五个月之久，苦于找不到拓跋珪的主力进行决战，疲惫不堪，兼以塞外严寒，只得撤兵。十余天之后，拓跋珪率领以逸待劳的二万精锐骑兵，悄然追踪慕容宝，到达参合陂（今内蒙古凉城县西北）。次日展开激战，慕容宝大败，人马践踏，死者万数，后燕军队四五万人一时投降。拓跋珪把降卒全部坑杀，燕军主力损失大半。金庸《天龙八部》姑苏慕容居处"参合庄"，家传绝技"参合指"，名称即来自此役，以此为鉴。

北魏鸟纹青铜牌饰
长5.5厘米　1961年内蒙古土默特旗美岱村出土　现藏中国国家博物馆

这个牌饰以变形鸟纹为主题纹饰，具有典型的鲜卑特色，应是北魏早期饰物。动物纹牌饰具有浓厚的草原游牧特征，广泛出现在匈奴、鲜卑、乌桓等北亚民族的文化遗存之中，样式各异，分别有马、牛、羊、鹿、狼、鹰等纹饰。拓跋鲜卑发源于大兴安岭北部，后来迁于内蒙古阴山地区，受到草原文化传统的影响，墓葬中开始出现动物纹牌饰。这种牌饰随着北魏汉化的进程，而趋于消失。

396年，70岁的慕容垂亲率大军，扑向云中，拓跋珪重施故伎，远遁善无（今山西左云县西北）。慕容垂攻破平城（今山西大同），杀死拓跋魏骁将拓跋虔，驻军十余日，拓跋珪再次退保阴山。慕容垂因病班师，在参合陂一带，看到前一年的燕军尸骨堆积如山，燕军阵中家属哭声震天，慕容垂呕血而亡。慕容垂这次出兵，虽然攻下平城，收罗拓跋部落三万余落，但始终没有找到拓跋珪的主力进行决战。随着慕容垂病重撤军，平城再次被拓跋珪占领。慕容垂死后，后燕政权陷入内斗，国力颓败，再也不能抵抗骁勇的拓跋骑兵。拓跋珪乘慕容垂新丧，进兵中原，连克晋阳、中山、邺等名都重镇。398年，拓跋珪定都平城，即皇帝位，是为道武帝。一个强大的政治军事集团在北部中国正式形成。

三燕铁马胄（自备）
面罩长66厘米　宽13.7—29.6厘米　护颊长36.5厘米　宽18.7厘米
护唇片高7.8里米　宽8厘米　1988年辽宁朝阳出土

这是国内发现的第一件完整的马胄实物。它由面罩、护颊板、护唇片组成，以铁销相连，可任意转动，不用时可折叠收藏。马额前护片折起，状如马冠。这个铁马胄发现于墓主人足下，是整套铠甲的组成部分。铠甲局部保存完好，表层甲片多数散乱。马胄之外，尚有人胄，两者结合，即为"甲骑具装"。这些实物的发现，标志着三燕时期重装骑兵的出现，是鲜卑骑射文化和中原汉人文化（铁器等）融合的产物。

| 北魏骑马武士陶俑
高38厘米 1953年陕西省西安市草场坡出土

这是十六国南北朝时期"甲骑具装"的完整形象。骑士头戴铁盔，身穿铠甲，战马也是全副具装。"甲"是人穿的铠甲，"具装"是战马披挂的马铠。甲骑具装成为十六国南北朝时期极为流行的骑兵装备。重装骑兵具有强劲的冲击力，尤其对步兵构成致命的冲击和威胁，是南北朝时期的重要兵种。隋唐时期，重装骑兵逐渐被轻装骑兵所替代。

士族篇

士族与皇帝共天下

　　士族政治是魏晋南北朝政治社会的基本底色。士族是中古时期最为显赫的社会阶层。士族作为一个社会阶层发轫于两汉，蕴积于魏晋，勃兴于六朝，消融于唐宋之际。士族在中古时期世居高官，簪缨相袭，婚配高门，声望显赫，地位崇高。

　　魏晋时期，世家大族经营大片庄园，担任高官显宦，垄断学术，从而实现了政治权力、经济权力和文化权力的"三位一体"。其中，影响最大的莫过于世家大族控制了选拔官吏、进入仕途的锁钥——九品中正制。在这种选官制度下，家世门第成为选拔官僚的唯一标准，为门阀大族垄断朝廷大权保驾护航。门阀大族世代代高居显宦，掌握着国家各级政府的权力，甚至与皇帝共治天下。

北齐徐显秀墓壁画局部
2000—2002年山西太原发掘　现存山西太原徐显秀墓壁画馆

徐显秀墓是目前发现的中国保存最完整的大型北齐壁画墓。壁画中央高悬帷帐，下设矮床榻，后围四幅折扇屏风。男女主人端坐床榻之上。男主人北齐太尉武安王徐显秀头戴折上巾，外披兽皮大衣，着兽皮围巾，内穿大红交领窄袖长袍。女主人头梳高髻，内着浅灰色圆领衫，外穿大红色交领长裙。正中置放一大盘食品，周边环绕十三个高足杯。两旁侍从或手捧杯盘，或手执羽扇，或手擎华盖。男女乐伎或弹琵琶、箜篌，或吹笙箫、横笛。壁画流光溢彩，结构井然，人物鲜明，是北朝壁画的精品之作。该壁画生动再现了世家大族的生活场景。

| 十六国墓主燕居壁画
1997 年甘肃酒泉出土

该壁画展现了作为地方豪族的墓主人生前燕居、欣赏乐舞表演的旖旎场景。右侧为一单檐顶轩，轩内坐有墓主人，身旁站立男女仆从各一。墓主人前方置一几案，上有樽、勺，其下有温酒器与壶。案旁周围有男女仆从及舞者若干。远处南侧有数名乐伎。壁画最下部，通往后室的两侧墙上还绘有墓主出游等场景。壁画整体构图严谨又不失活泼，对墓主及舞者、侍从的表现较为细腻娴熟。

魏晋墓卧具壁画
1999年甘肃高台出土

该壁画出自甘肃高台许三湾五道梁墓群，反映了士人的生活场景。画面以墨线勾画出长方形床体及折线形四足，图案上施以赭红色，为一长方形图案。左上角以墨笔书写"卧具"二字，隶书，意为四足床上放置铺盖。

孙吴朱然墓彩绘季札挂剑图漆盘（童岭提供）
外径24.8厘米　1984年安徽马鞍山朱然墓出土　现藏安徽省博物馆

朱然墓随葬器物140余件，漆木器80余件。这批漆器造型优美，色彩艳丽，图绘精良，填补了汉末三国漆器工艺史的空白。这个漆盘就是其中的代表。季札挂剑是春秋时期吴国的故事，穿红袍者即为季札。漆盘底部标有"蜀郡造作牢"款识，可知这批漆器产自当时的蜀郡，是现存唯一有断代依据的三国绘画史料。这批漆器的出土，反映了中古贵族的生活情趣。

东晋是士族权力最盛、皇权最弱的时代。西晋行将崩溃之际，司马睿继承琅琊王位，镇守江东，其部属精英大致在一百人左右，时人称为"百六掾"。北来的士族精英，由此在江左政权中代代相因，构成了江左政权中高级官僚的基本阵容。换言之，江左六朝的政局主要靠这些士族门阀所支撑。晋愍帝被匈奴人刘聪所杀，司马睿继承大统，在登基典礼上，演出了一场闻所未闻、惊世骇俗的戏剧。帝国时代，皇帝至尊，名器不可轻易假人。可是在六朝，年逾不惑的晋元帝居然邀请六朝门阀的头面人物——琅琊人王导和他一起登坐龙床，结果王导推三阻四，最后说太阳如果和天下万物相同，士庶百姓就没有可仰望的了，至此，晋元帝才结束了这场登基闹剧。这样的事件，非常富有象征意义。司马睿深知，他既非司马炎的直系血亲，政治声望也不高，而之所以能够立足江东，开创局面，立国登基，以王氏家族为代表的门阀大族的支持是决定性因素。东晋的政治格局是皇帝垂拱无为，类似君主立宪制下的君主，门阀士族总揽军政大权，高门子弟布满要津。这就是士族与皇帝共天下的政治格局。

士族婚姻门当户对

魏晋南北朝的婚姻制度出现了变化，士族的门第婚风靡一时。南朝的侨姓士族构成了一个婚姻圈，王、庾、桓、谢这些北来的士族组成一个高贵封闭的婚姻网络，如琅琊王氏和陈郡谢氏两大家族间的联姻，在时人眼中被视作金童玉女、金玉良缘，是最受推崇的婚姻。至于江南的土著望族，通常不和北来的侨姓士族联姻。吴姓士族也构成一个婚姻圈，江南士族如朱、张、顾、陆之间互为婚姻，会稽的孔、周、沈等士族也加入到吴姓士族的通婚网络。

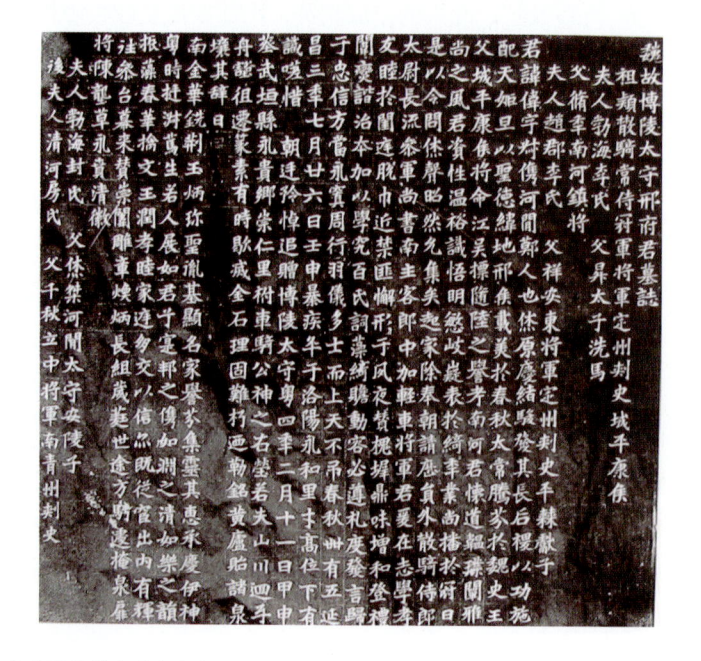

北魏邢伟墓志（自备）
长 67.5 厘米　宽 63 厘米　厚 13 厘米　1995 年出土
现藏河北省河间市文物保管所

碑刻大致经历汉、魏、唐三大历史阶段，魏碑是重要组成部分。该墓志记述北魏士族邢伟的生平事迹。志石字体纯正，遒劲浑厚，意态跌宕，寓变化于齐整之中，藏奇崛于方平之内，风格独特，属魏碑珍品。康有为非常推崇魏碑，以为"无一不佳者"。志尾记载邢伟前、后夫人分别为渤海封氏和清河房氏，均是和邢氏家族地位相当的二流士族，是士族内婚制的体现。

东晋顾恺之《女史箴图》局部一

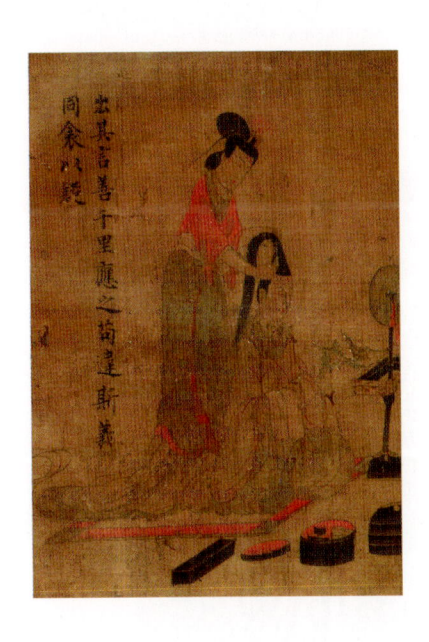

东晋顾恺之《女史箴图》局部二
绢本 设色
纵 24.8 厘米 横 348.2 厘米
现藏英国不列颠博物馆

  此图据西晋张华《女史箴》所绘，箴文共十二节，规劝女子遵守妇德。现存画面，起于"玄熊攀槛，冯媛趋进"，终于"女史司箴，敢告庶姬"，凡九段。与原文对照，缺前三段。图卷采用一文一图的形式，图前楷书"箴言"，人物描画细劲流畅，造型准确，神情生动。画中梳妆的姬妾，典雅秀逸，姿态雍容，表现出六朝贵族女子的特征。

南朝贵妇出游画像砖
长38厘米 宽19厘米 厚6.3厘米 1958年河南邓州出土
现藏中国国家博物馆

南朝贵妇出游画像砖局部

此砖描绘南朝贵妇出游的场景。画中四名女性服装相同,均为汉式服装,上身穿裲裆衫,下着长裙,脚蹬高履。不同者是其发式:前二人双环髻,显系贵妇;后二人头梳双丫髻,系侍女之流(发型作"丫"字状,就是丫鬟)。人物造型颀身丰腰,面相圆润,姿态生动,具有南朝人物画"秀骨清像"的特征。整幅画面利用匀整而流畅的线条,着力突出前面两位贵妇的雍容华贵和矜持的表情。学者认为这种笔法与东晋顾恺之传世作品中的妇女形象比较,有很多相似之处。

士族之间的婚姻严格遵守阶层界限,即士族的通婚对象必然是同一阶层的成员,士庶之间的联姻几乎不可能。南朝的一件事情反映了士族门第婚的情况。东海王源把女儿嫁给富阳满氏。南朝文豪沈约听到后勃然大怒,上表声称:王源虽然人品庸陋,但是血统高贵,而富阳满氏家族的社会身份却在士庶之间,贵贱难辨,因此

南朝凤凰画像砖
长 38.7 厘米 宽 18.9 厘米 1958 年河南邓州出土 现藏中国国家博物馆

河南邓州画像砖是南朝绘画的代表作品。凤凰是中国古代传说中的百鸟之王,雄性为凤,雌性为凰,统称凤凰。画像砖中的凤凰双腿直立,挺胸展翅,姿态高昂,有王者之气。整幅画像轮廓清晰,线条灵动,画风简练,别有韵味,是极为难得的艺术珍品,学者推测应该有在纸张或绢帛之上的底本。

王、满两家的联姻实在是骇人听闻。六朝士庶之间的通婚，不只是两个家族之间的问题，甚至是严肃的政治问题。梁朝末年，东魏大将侯景上表请求降附南朝。侯景是鲜卑人，投降时他给梁武帝提了一个附带条件：想娶王谢家族的女儿。梁武帝说王谢家族是一流高门，恐怕不行。在梁武帝看来，侯景简直就是癞蛤蟆想吃天鹅肉。侯景听后，火冒三丈，他恶狠狠地发誓："将来老子得志江南，一定要把江南士族的女儿都发配给奴隶。"后来侯景发动叛变，果然颠覆了萧梁政权。

南朝青瓷莲花尊
高 49.5 厘米　腹径 31 厘米　口径 16.6 厘米　足径 16.3 厘米　河南上蔡出土
现藏中国国家博物馆

此尊胎体厚重，胎质细密，呈灰褐色。尊釉呈青绿色。施釉均匀，胎釉结合牢靠，没有脱釉现象。器身上下遍布纹饰，颈下部两侧各有二尊交脚并坐的佛像，后有背光。佛像上方绘有飞天，飞天周围布有云纹和莲花纹。腹部装饰有凸雕莲花四层，上三层为覆莲，下层为仰莲。此类青瓷尊是南北朝士大夫家族常备器物。

制度篇

九品中正制

魏晋南北朝是一个门阀士族占据显赫地位的时代。与之相应，恰好有一个选官制度与之共始终：这就是产生于三国曹魏、废除于隋唐时期的九品中正制。那么，这项实行了四百余年的选官制度，究竟有哪些特殊规定呢？在曹丕即将篡权之际，曹丕和陈群合谋推行九品中正制，即在朝廷官员中选拔一些德高望重的名士，让他们担任中正，由本籍的朝官担任。中正有州大中正、郡中正、县中正三个等级，其职责就是品评本地士人。

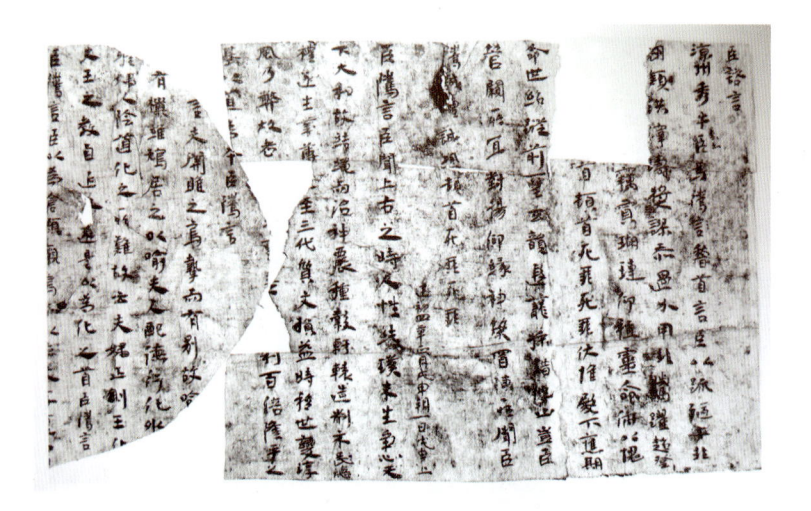

十六国西凉秀才对策文
高 24 厘米　残长 65 厘米　1975 年新疆吐鲁番出土
现藏新疆维吾尔自治区博物馆

此件是秀才对策文的抄本，原本剪作死者所穿的纸鞋。前后上下均有残缺，残存文字 70 行，这件是凉州秀才冯鹭对策文的前半部分。汉代以来，秀才科是中华帝国察举制选拔官僚的科目之一。魏晋南北朝时期，九品中正制是主要选官制度，但察举制并未完全废除。秀才科考试的常规程序是：先由各州推荐，后到朝廷应考。朝廷出的考题叫"策问"，秀才回答名"对策"。这件实物反映了十六国时期察举制度的实行。

中正的评价标准有三个：家世、道德和才能。中正据此对人物做出高下不同的评定，称为"品"，分九等，即上上、上中、上下、中上、中中、中下、下上、下中、下下。其中，一品形同虚设，无人能得，二品为最高品，三品以下俱为下品。中正评定的九品就作为吏部任命官僚的根据。中正评定的品第又称"乡品"，和被评士人的仕途密切相关。士人的起家官品和中正乡品大致差四品。中正如把某人评为一品，则意味着这个人将来可以做一品官，但也不能一步登天，要从低一点的官开始。低多少呢？即从五品做起。中正评定的品级就像一张期票，将来是要兑现的。假如中正把某人评为二品，则从六品起家，将来可做到二品官。

九品中正制创立之初，选拔标准是家世、品德、才能并重，一度起到选拔人才的作用。但是，这个制度处于士族门阀占主导地位的社会，中正几乎都是由贵族子弟来兼任，时移世易，人物的才德成为末流，家世成为唯一标准。九品中正制由此产生极大的扭曲和变形，造成了"上品无寒门，下品无势族"的局面。血统取代才德，成为六朝政府选拔官僚的依据。隋代以降，随着士族门阀的逐渐衰落，九品中正制走向寿终正寝。

西晋青瓷对坐俑
高 17.2 厘米　1958 年湖南长沙出土　现藏湖南省博物馆

两俑相对，中间置一书案，案上有笔、砚台及简册。一人手捧版状物，另一人持版书写，相对而视，若有所言。同时出土的还有持刀俑、持盾俑、骑吏俑和骑马乐俑。这些器物反映了士族门阀随从如云的工作状况。陶俑颜色灰白，青釉开片，附着性弱，斑驳开裂，制作方法呈现出湘阴一带的地域特色。

子贵母死

中国有句俗语"母以子贵",意思是母亲会因儿子的尊贵而尊贵。但是,在人治色彩极为浓厚的中华帝国,任何事物都存在其相反的一面。立储制度,是皇帝制度的主要内容。拓跋鲜卑在入主中原很长时间内实行惨绝人寰的"子贵母死"制度:即立太子前,生母必须赐死,这项制度也称为"立子杀母"。

立子杀母的现象,早在汉武帝时期就曾经出现过。汉武帝晚年,立太子弗陵,而杀其生母钩弋夫人,以防止出现主少母壮、母权干政的不利局面。但是,将此残忍现象形成制度的却是拓跋鲜卑。北魏早期,由君位传承引发的政治混乱频繁发生。原因在于:贺兰、独孤、慕容等部和拓跋鲜卑既为政治联盟,又世代通婚,这

永固陵石券门

永固陵石券门局部一

永固陵石券门局部二

门楣（2段）总长224厘米　宽50厘米　厚19厘米
门框（仅存左框，右为复制品）长168厘米　宽30厘米　厚22厘米
门墩（2件）高30厘米　长45厘米　宽41厘米
1976年山西大同出土　现藏中国国家博物馆

永固陵是北魏文明太皇太后冯氏的陵墓，俗称"祁皇坟"，始建于481年，入葬于490年。永固陵由拱形门楣、门柱、门槛、虎头门墩、石门五部分组成，门无轴，不开合，嵌入门楣之内。拱形门楣两侧浮雕对称，各雕一精美的捧莲蕾童子，童子下方，雕一口衔宝珠的长尾孔雀。石门墩雕作虎头状，造型雄浑威严。永固陵石券门是北魏石雕艺术的杰作。永固陵将墓地与佛寺结合起来，极富佛教色彩，这种做法对北魏晚期的陵墓建造影响极大。

样，这些部族在拓跋鲜卑的君位继承问题上就拥有举足轻重的地位，动辄予以干预。北魏早期储君之立和皇权继承，都依赖于母后或母权的强大，造成"母强子立"的政治现象。道武帝拓跋珪即位，得力于母后及舅族的强力支持。但是，这种确定继承人的方式，是部落联盟时代较为落后的产物；北魏挺进中原，转型为华夏帝国体制，"母强子立"成为北魏政治制度发展的累赘和包袱。

为了彻底扭转这种局面，道武帝采用了两种手段予以解决：一是离散部落，二是子贵母死。道武帝先后发动一系列战争，强制离散代北地区的强大部族如母族贺兰部、妻族独孤部、祖母慕容部等大型部族，统一代北。与此同时，道武帝"率先士卒"，杀死儿子文成帝的母亲刘贵人；刘贵人出身于匈奴族。自此以后，"子贵母死"成为北魏皇权更替之际的惯例。其后，文成皇后李氏生献文帝，被杀死。献文皇后李氏生孝文帝，被杀死。孝文皇后林氏生太子恂，被杀死。宣武帝时，胡充华生元诩，废除制度。也就是说，这项制度在北魏实行了一百多年，一直到宣武帝时期才被废除。

北魏"传祚无穷"瓦当
直径15.5厘米　2010年山西大同出土　现藏中国国家博物馆

瓦当出自北魏寺庙遗址。遗迹有北廊房、东廊房、西廊房、南廊房、塔基和砖瓦窑等部分。瓦当正面作井字格，上下左右四格内撰有"传祚无穷"字样，表达了北魏统治者希冀皇位永久传续的政治理想。云冈石窟前就有许多这种瓦当。另外，还有"富贵万岁"等瓦当残片。这些瓦当残片的内容，显示出北魏从游牧文明转向农耕文明、接受汉文化的政治决心。

府兵制

　　府兵制是中古时期极为重要的一种兵制。由东胡人宇文泰创建于西魏大统年间，北周、杨隋、李唐三代连续沿用，直到唐玄宗时期被募兵制所取代，前后历时约二百余年。

　　北魏末年，六镇发动叛乱。北魏亡后，六镇主力一分为二：来自武川镇的宇文泰开创了西魏，来自怀朔镇的高欢开创了东魏。武川镇是北周政权的龙兴之地。实际上，一直到隋唐都以武川为荣，隋唐祖先都来自武川镇，都有在武川当兵的经历。542年，宇文泰将关中地区的六镇胡族士兵整编为六军。次年，六军精锐高达十万之众。同年与高欢在邙山展开激战，宇文泰六军损失惨重，被歼灭者六万余人。为了补充兵源，宇文泰着手从汉族方面充实力量。在汉人力量的补充下，西魏兵力逐渐得以恢复和充实。在此基础上，宇文泰对军队统帅部进行整合改组，形式上采取鲜卑昔日八部之制，立八柱国：除却宇文泰本人早在537年就由西魏文帝任命为柱国大将军、都督中外诸军事，是西魏最高军事统帅之

独孤信墓志
长41厘米　宽41厘米　厚7.4厘米　1953年陕西咸阳出土
现藏中国国家博物馆

墓志盖佚失，是方形志石。志文共16行，220字，记载了独孤信的籍贯、家世、卒年、葬日、葬地以及夫人和三个儿子的名字。北魏以来，墓志在北方极为流行。该墓志书体介于隶书和楷体之间，柔中有刚。志主独孤信是北朝名将，匈奴贵胄。宇文泰推行府兵制后，独孤信为柱国大将军，位高权重。他后来死于西魏、北周易代之际的政治斗争，安葬草率，志文简略，与其平生事功极不符合。独孤信本人不得善终，其后人却极为显赫：长女为北周明帝皇后，第七女为隋文帝皇后，第四女则是唐高祖李渊之母。

外，宇文泰任命西魏宗室元欣为柱国大将军，只挂虚名，宇文泰和元欣不领军队。正式任命赵贵、李虎、李弼、于谨、独孤信、侯莫陈崇六人为柱国大将军，统帅六军。每个柱国大将军之下，有二个大将军，共十二大将军。每个大将军之下，有二个开府，共二十四开府，是为二十四军。每个开府下，又有二个仪同，共四十八仪同。一个仪同，领兵千人；一个开府，领兵二千人；一个大将军，领兵四千人；一个柱国大将军，领兵八千人。六个柱国大将军，领兵共计四万八千人。这支军队，就是中古史上赫赫有名的府兵。

府兵制的本质是部落兵制。宇文泰创建府兵制的时候，对于士兵和军官之间的结合，保持着浓厚的部落关系。经过北魏孝文帝

北周蹲狮
通高 25.3 厘米　1955 年陕西西安出土　现藏陕西省博物馆

这尊蹲狮白石圆雕，形体虽小，却神态威武，器宇轩昂，仰首昂胸，前肢斜撑，动中有静，雄劲有力，是小型石刻中的精品。

的汉化措施，有的鲜卑复姓已经"灭绝"，改为单姓的如于氏等纷纷改回为鲜卑复姓；其他采用汉姓或本来汉姓的，则赐以鲜卑姓氏，如李唐祖先李虎赐姓大野氏，杨忠赐姓普六茹氏。同时，府兵的将士都要改姓，改从主将被赐的鲜卑复姓，就是兵士的姓氏要改从首领的姓氏，成为一个姓氏，将士成为"一家人"。随着府兵制基础的日益扩大，府兵实力逐步强化，北周灭齐时，府兵已经发展到二十万人；隋文帝灭陈时，府兵已经发展到五十万人。府兵由此构成隋唐帝国的军事中坚。

| 北周李贤墓镇墓武士俑
1983年宁夏固原出土　现藏宁夏博物馆

该武士俑系彩绘陶俑，颜色鲜艳亮丽。头戴盔甲，身披甲胄，面目狰狞，腰带十围，身体扭曲，动中寓静。镇墓武士俑之外，还有镇墓独角兽俑、风帽俑、具装甲骑俑、武官俑等，共同见证着北周府兵制军事力量的强大。

文化篇

玄学思潮

汉晋之际，皇权一落千丈，儒学随之江河日下，造就了一个相对宽松、相对自由的世界，玄学成为魏晋南北朝思想文化界的主流和特色，曾经一统天下的儒学相形失色。汉代的经学，拘泥于训诂考据，斤斤计较于一字一句之得失。魏晋玄学，则强调哲理思辨。

道家的老子、庄子思想在魏晋时期卷土重来。魏晋名士在思想文化上亲近老庄，和他们作为特权阶层、追求自由的心态息息相关。实际上，汉末有些学者的奇谈怪论，已经显示出抛弃儒学、向往道家的旨趣。孔融说："父之于子，当有何亲？论其本意，实为情欲发耳。子之于母，亦复奚为？譬如物寄瓶中，出则离矣。"这种说法，是对汉代儒学尊崇孝道的反动。曹魏正始年间，玄学思潮形成学派，领袖人物是何晏和王弼。何、王二人以道家思想解释《周易》，标志着魏晋玄学思潮的开端。他们提出一系列哲学话题，让思想界耳目一新。比如，他们认为"天地万物以无为本"；他们反对名教是最高原则，坚持道法自然。

正始以后，在司马氏和曹氏极为残酷的政治斗争中，名士少有全者，何晏等正始名士惨遭屠戮，王弼病亡，司马氏以儒家的"清道夫"自居，排斥政敌。在这种情况下，出现了阮籍、嵇康为代表的反名教的玄学家，构成玄学发展的第二阶段。他们放浪形骸，不修边幅，放任自流，彰显个性。阮籍提出"越名教而任自然"，要让人性摆脱名教的束缚，自由地绽放。阮籍、嵇康、鲍敬言都有无君的思想和主张，无君论是中国思想史上的一个亮点。

孙位《高逸图》局部（阮籍）
绢本　设色　纵45.2厘米　横168.7厘米　现藏上海博物馆

　　此图为孙位《高逸图》局部，是《竹林七贤图》之残卷。画面人物是阮籍，其手中所执，正是魏晋清谈名士必备的风流雅器——麈尾。阮籍怡然自得，侍者手捧方斗，躬身听命。中古名士以玄学思想为寄托，纵酒谈玄，放任洒脱。

　　玄学发展的第三阶段，以向秀和郭象为代表。向、郭二人发展了王弼、何晏"贵无"的哲学观点。永嘉南渡后，建康成为玄学的中心。东晋玄学在很大程度上掺入了佛学的因素，尤其是佛教般若学的融入，改变了玄学的道家面貌。六朝时期，名士诵经，僧侣通玄，名士与僧侣相互唱和，互通往来，以道家的无为解释佛家的涅槃，以两晋七僧比附竹林七贤，正是玄佛合流的反映。

云冈石窟文殊问疾雕塑
现存山西大同云冈石窟第 6 窟南壁

该造像主题据《维摩诘所说经》所绘，是大乘佛教的代表作，经文思想与老庄崇尚的"无"意蕴相通。所塑均是佛教人物：中间是释迦牟尼，褒衣博带，形体高大；左侧是维摩诘居士，手执麈尾；右侧是文殊菩萨，短衫长裙。整幅画面与玄学名士清谈玄理必执麈尾的情况极为相似。这种场景也显示出玄佛合流的态势。

西晋周处墓熏炉
高 19.5 厘米　盘径 17.7 厘米　1953 年江苏宜兴出土　现藏中国国家博物馆

香熏是魏晋瓷器的大宗。这件器物出自西晋平西将军周处的家族墓地，质地纯洁坚致，釉色光亮润泽，是西晋青瓷的标准器物，属于南方越窑系统。分为两个部分：上部是球形熏笼，下部是圆形承盘。熏笼上有一只展翅欲飞的鸟形钮，笼下有三只熊形支足。周氏是魏晋时期江南地区的名门望族，显示香熏是六朝贵族日常生活用品。六朝士大夫盛行"熏衣剃面，傅粉施朱"的审美情趣，各种小巧雅致、玲珑剔透的香熏应运而生。

史学崛起

魏晋南北朝时期,私家修史蔚然成风。所修史书内容按照时代划分,主要有后汉史、三国史、晋史、十六国史、南北朝史等五部分,每一部分都有若干种。

现存《后汉书》是刘宋范晔所撰。范晔之前,魏晋时期撰著后汉书的有八家之多,成书内容或简略或丰富。范书一出,诸家之书陆续湮没无闻,以至不传。现存《三国志》是西晋陈寿所著,文甚简略。宋文帝命裴松之兼采众书,补注阙失。裴注的分量甚至超过原作。陈寿撰书前后,关于吴史、蜀史、魏史的著述颇丰,以后陆续亡佚。

《吴志·吴主权传》残卷
残高 23 厘米　残长 72.6 厘米　1965 年新疆吐鲁番出土
现藏新疆维吾尔自治区博物馆

本卷发现于新疆吐鲁番安乐故城南佛塔遗址的一个陶瓮中。残存40行，约570字，起于221年刘备率军伐吴，孙权任命陆逊予以抵抗，大破蜀军，至222年魏伐吴，孙权"卑辞上书"，魏文帝曹丕回书止。与传世《三国志》核对，内容全同，仅文字略有小异。从书体看，本卷捺笔较重，隶书意味甚浓，应是晋人写本，不迟于四世纪前半叶。《三国志》作者陈寿卒于297年，本卷应是该书最早的抄本之一。

唐修《晋书》以前，史家著述《晋书》的前后多达二十余家，以臧荣绪《晋书》最为翔实。唐修《晋书》，即以臧书为蓝本，诸家晋史到唐初只剩十八家，其后全部散失。

关于十六国的史书也层出不穷，不下三十余种。北魏崔鸿博采众书，编成《十六国春秋》。唐修《晋书》比较多地吸收《十六国春秋》，编成《载记》，其后各家十六国史和《十六国春秋》都全部散失。清人汤球有《十六国春秋》辑本。

关于南北朝的史书，隋以前近二十种，之后存世的是沈约的《宋书》、萧子显的《南齐书》和魏收的《魏书》。其中，《魏书》有"秽史"之名，原因在于魏收对同朝官僚的父辈之言行加以褒贬，而招致士大夫的不满。

北齐校书图
绢本　设色　纵27.6厘米　横114厘米　现藏美国波士顿美术馆

此图卷画的是556年北齐文宣帝高洋命樊逊等十一人负责刊定国家收藏的《五经》诸史的场景。图中画三组人物，中心是士大夫四人坐于榻上，榻上有盘盛的菜肴、酒杯、砚台、箭壶、琴等。榻内一人大概是樊逊，正在认真执笔书写；其余三人，一人手执毛笔，一手举着刚写完的书卷似在审阅；另一人背面，盘膝而坐，琴的一角搭在腿上，一角搭在榻上，伸右手拉住右边一人的腰带；右边的人似乎欲逃酒下榻，一童仆正给他穿靴。榻旁围列女侍五人，或捧杯、或执卷、或抱凭几、或抱靠枕、或提酒壶，排列有致，顾盼生姿。画左侧有侍从三人，马两匹，一灰一黑，高大威猛，皆静立观望。画中人物神情均极生动，杨子华笔下人物，已经摆脱"秀骨清像"，人物面孔多呈鹅蛋脸。此图用笔细劲流动，细节描写传神达意，设色简易精美。整个画面既反映了北齐对古代文献整理的史实，又不乏诙谐、随意，给人一种轻松的艺术享受。

南北朝时期的史学著作，除却上述内容之外，还有特别发达的谱牒之学、人物传记以及地方志。其中，谱牒之盛是南北朝的时代特色。该时期的谱牒著作有四十余种，三百余卷。谱牒之盛，是门阀大族占据统治地位的反映。

宗教篇

佛教征服中国？

作为一种外来文化，佛教早在汉代已经传入中原。在汉代占统治地位的儒学日渐萎靡不振，玄学则由于玄理的深邃而成为名士精英的"私人领域"，绝大多数的中国人陷入精神世界的空洞和迷茫之中。佛教在传入之初，受到占统治地位的儒学和土生土长的道教的两面夹击，一度被视为异端加以排斥。但是，佛教在传入过程中积极寻求"中国化"：佛教教义、传教方式不断迎合、吸收、融入中国的传统文化，尤其是永嘉乱后，玄学之风随着中原士族流布江南，高僧以谈玄为务，周旋于权贵高门之间。名士与僧侣和光同尘，互相唱和，玄学和儒学实现了"无缝链接"，致使东晋佛教大兴。

孙吴黑釉楼阁佛像陶魂瓶
高42厘米　腹径26厘米　江苏南京出土　现藏中国国家博物馆

这件魂瓶分为三层：下层罐腹贴有佛像和鱼；中层正中有一小门，门前供一佛像，两侧有阙，阙旁置有佛像和小罐；上层立一方形小屋，屋壁四面开门，门内各供一佛像，房屋四周，环有一圈小型佛像。魂瓶上的佛像为模制贴塑，这是中国古代传统的陶艺制作方式，表现出佛教艺术在中国传播之初就与本土艺术"水乳交融"的中国化历程。这类带有贴塑佛像的魂瓶，屡见于今江苏、浙江等地的孙吴、西晋墓葬中，反映出这一地区丧葬文化中独具特色的宗教因素。

此石塔造于434年，今残存塔基、塔身和塔肩三层。底层八角形塔基，上刻佛教信徒的发愿文和佛经；中间圆柱形塔身，雕有六尊佛坐像、一尊半跏趺坐思惟菩萨像和一尊交脚菩萨像；上层倒钵形塔肩，雕有七尊佛坐像和一尊交脚菩萨像。石塔下端有榫头，说明塔基下可能原有塔座。这类石塔现存十四座，被称为"北凉石塔"。石塔所刻经文长短不一，但都以"十二因缘"为主题。十二因缘是佛教三世论（即过去、现在和未来）的理论基础。北凉石塔雕刻的佛陀和菩萨所表现的就是三世诸佛之像，七佛代表过去和现在，菩萨是弥勒菩萨，象征着未来之佛。北凉石塔的建造者将经、像结合起来，以经论像，以像明经，宣扬佛法永存的思想，充分体现了石塔作为供养塔的礼拜功能。有些石塔上面还有道家的八卦符号，说明早期佛教借助于中国文化而传播的特征，也是佛教"中国化"的写照。石塔发愿文的主要内容就是为君主、长官、父母和师长发愿祈福，说明中国传统儒家思想对佛教的影响，这也构成了佛教与中国本土文化相互影响的重要特征。

十六国北凉白双且造石塔
残高46厘米　底径21厘米　甘肃酒泉出土　现藏中国国家博物馆

佛教经过"中国化"的包装和改造，逐渐渗透到社会的各个阶层，历经二百年的传播，终于大获成功。佛教特有的戒律传授、寺院建筑等遍布中国。佛教特有的戒杀律条和慈悲信仰，在战火纷飞的年代，无疑能够给予灾难深重的中国士民以心灵的慰藉和希望。佛教凭借其深邃的哲理、通俗的语言、慈悲的胸怀，成为大分裂时期胡汉各民族的共同信仰。至此，中国无论南北，无论城乡，不分敌我、不分贵贱、不分胡汉诸色人等，上至帝王贵胄，下至平民百姓，纷纷皈依佛教。实际上，南方可能拥有2846座寺院，82700名僧尼。大致同时，北方拥有6478座寺院，77258名僧尼，真所谓"家家斋戒，人人梵音"，可以毫不夸张地说，5—6世纪是佛教在中国发展的高峰。

北魏韩小华造弥勒佛像
高55厘米 宽51厘米 厚18厘米 1996年山东青州出土
现藏青州市博物馆

　　此像为石灰石质的高浮雕三尊像。三像均跣足赤立于莲台之上，头上有浮雕莲瓣的佛光。主尊佛像是未来的弥勒佛，磨光高肉髻，面相方圆，手施无畏、与愿印，着褒衣博带袈裟，展示了江左士大夫的审美倾向。佛和菩萨背后是统一的舟形背光，背光上部有三尊结跏趺坐的化佛，周边刻有火焰纹样。造像上部两侧刻出丰满含笑的半身日、月天神像。造像下为长方形塔基座，上刻"乐丑儿供养""韩小华供养"等字样，并刻有供养人、护法雄狮以及双手托盘的人。造像左侧有发愿文："永安二年二月四日，清信女韩小华敬造弥勒像一躯。为亡夫乐丑儿、与亡息佑兴，回奴等后己身并息阿虎，愿使过度恶世后，生生尊贵世世侍佛。"

北齐彩绘贴金佛立像
高162厘米 宽40厘米 厚25厘米 1996年山东青州出土
现藏青州市博物馆

  此佛像系山东青州龙兴寺窖藏出土。窖藏清理佛教造像多达四百余尊，数量巨大，质地繁多，雕工精良，贴金彩绘，保存完好，在佛教考古中实属罕见。此佛像为石灰石质，保存良好，彩绘颜色亦较完好，大部分贴金得以保留。雕像螺发，肉髻低平，宽额方颐。佛像着装为双领下垂式袈裟，轻薄贴体，简洁流畅。佛像姿态丰硕健美，左手施与愿印。这尊佛像体现了北魏晚期风格与北齐新风的融合。

  下页的佛龛七尊像主尊为释迦佛，端坐于仰莲座，全身贴金，彩绘赭红色，雍容大气。舟形背光，浮雕宝塔、飞天，底座雕有莲花化生受托博山炉供养，佛龛背面彩绘佛像。整件佛龛雕刻法度谨严，装饰流光溢彩，气度不凡，是山西北齐最为精美的释迦七尊像。

北齐释迦七尊像
高46厘米　1954年山西太原出土　现藏山西省博物院

北齐释迦头像
高 33.5 厘米　1954 年山西太原出土
现藏山西省博物院

此头像为汉白玉质地，螺发高耸，脸庞轮廓圆润雅致，双目轻合，双眉微扬，鼻梁高挺，嘴角微敛。一度误以为是唐代作品，实为北齐佛教造像中的珍品。

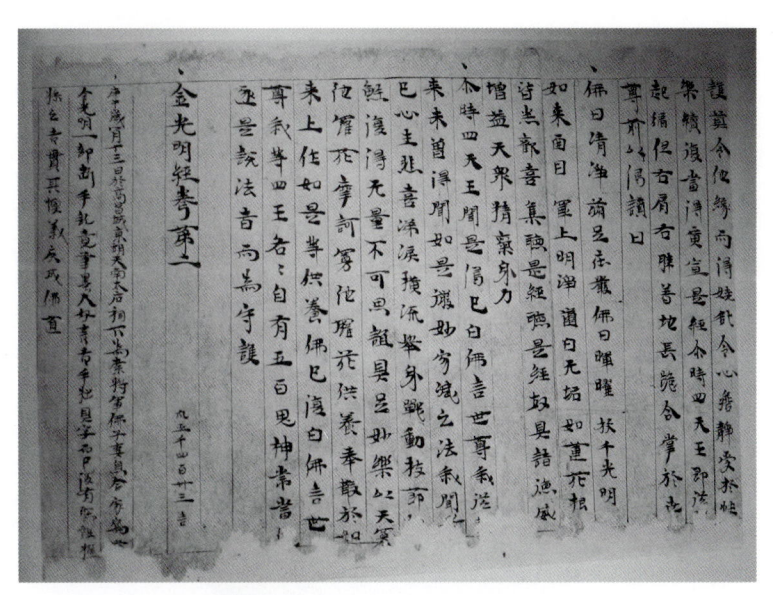

《金光明经》残卷局部
残高 26 厘米　残长 125 厘米　1965 年新疆吐鲁番出土
现藏新疆维吾尔自治区博物馆

此卷断裂为两段。残卷跋云："庚午岁八月十三日，于高昌城东胡天南太后祠下，为索将军佛子妻息合家写此金光明一部。""庚午"虽不明具体年份，但从书体和纸张年代判断，当成于四五世纪末。

　　佛教音乐、绘画、建筑与石窟寺艺术等方面的成就，深刻地影响着中国固有的传统文化以及社会生活的各个方面，同时又积极吸收中国本土文化中的营养成分，从而走上了一条与中国传统文化合流的道路。

土生土长的道教

　　道教是中国人自创的宗教，渊源于上古方士求仙不死之术。汉代的古文学派吸收了儒家中的阴阳成分，这些成分和道家的合流，形成道教。东汉末年，道教在民间蓬勃兴起，形成有组织的宗教，尤以太平道和五斗米道最为著名。汉末借助太平道而起事的黄巾军因统治者的镇压而削弱，但是道教仍然在南北各地流传。道教传播的法宝是以符水咒语为民众治病。道教的符咒，在北方民间的影响力仍然不可小觑。

孙吴青瓷釉下彩盘口壶
通高 32.1 厘米　口径 12.6 厘米　1983 年江苏南京出土
现藏江苏省南京市博物馆

此壶造型敦厚淳朴，具有汉代釉陶壶的工艺风格，通体涂以彩料，饰以优美的褐色纹饰，主题图案为"魂神升天"。其中 21 个持节羽人高低上下错落排列，空隙处的彩绘疏密有致，配以摇曳不定的仙草和氤氲弥漫的云雾，充满了浓厚的道教色彩。此壶将制瓷与绘画有机地结合在一起，是瓷器中以绘画作为装饰的较早作品。

宗教篇

099

| 北魏王阿善造老君石像正面 　　北魏王阿善造老君石像侧面

北魏王阿善造老君石像背面
高 27.8 厘米　宽 27.5 厘米　现藏中国国家博物馆

造像正面是高浮雕的两位美髯道长，以及三位头戴道冠的女官。造像人物均着宽大道袍，容颜为秀骨清像。背面是浅浮雕的乘车、骑马图，造像题记显示此像是女信徒王阿善捐资所造。题记之首"隆绪"是萧宝寅的年号，隆绪元年是公元527年。萧宝寅系南齐明帝萧鸾第六子，南齐灭国后，萧宝寅北投元魏，其后又起兵反叛，以隆绪为号，仅存二年。

魏晋以降，官方禁止民间宗教活动，民间道教的发展势头遇阻。与此同时，迎合统治阶层的神仙道教却在悄然崛起。两晋之际，道教徒葛洪撰写《抱朴子内篇》，对原始道教的神仙信仰和方术技巧进行系统梳理和理论阐释，从而为道教向成熟的官方宗教转型提供了理论的武器。萧梁陶弘景兼容道教各派，吸取儒家和佛教思想，撰写《真诰》一书，开创道教茅山宗，促使道教向义理化、系统化的方向发展，对道教的传播贡献最大。道教新派的主要特征是重视经典律条及神仙养生之术，而民间道教经过门阀士族的改造，终于和官方道教殊途同归。六朝时期，道教在南方广为传播，三吴及滨海地区尤为突出。东晋南朝的名流显宦世世代代信奉天师道，屡见不鲜，琅琊王羲之家族就是典型代表。十六国北朝时期，寇谦之、崔浩等人先后对道教进行改造，仿照佛教戒律，在道教中增加教规和仪式。寇谦之劝说太武帝登坛受箓，大多数北魏皇帝信奉佛教，但躬受符箓成为北魏的传统。

南北朝时期，道教在经典、教义、礼仪、戒律、组织等方面进行全方位改造，并且模仿佛教寺庙创建道观，供信徒居住和修行，从而奠定了道教发展的基本格局。

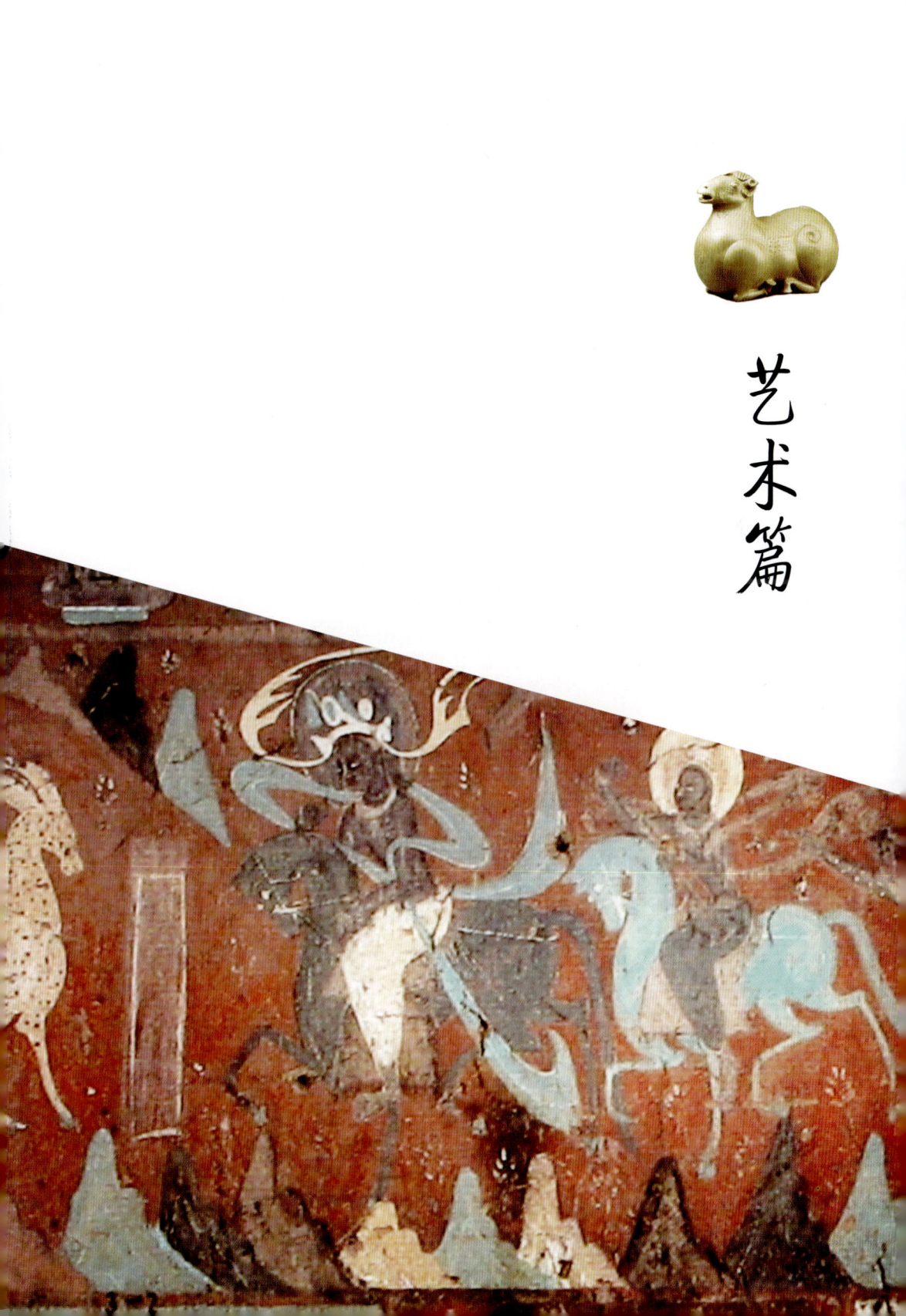

艺术篇

书法瑰宝

西汉造纸术的发明,是书法艺术长足发展的引擎。汉魏时期,钟繇,颍川长社(今河南长葛市东)人,官至太傅。师法东汉书法家蔡邕等人,擅长隶书、楷书和行书。唐人张怀瓘称赞钟繇是秦汉以来的第一人,"真书绝世,刚柔备焉"。西晋河东卫瓘,官至司空,行草堪称"神妙",时人将他和索靖合称"二妙"。卫瓘祖孙女卫铄,系东晋初年汝阴太守李矩妻,世称卫夫人。工书,师法钟繇,妙传其法。

曹魏《三体石经》
残高112厘米 宽46厘米 厚14.8厘米

此石经又名《正始石经》,用战国古文、小篆和隶书三种字体,镌刻《尚书》《春秋》及《左传》部分内容,一般认为共计28

块石碑，立于汉魏洛阳南郊太学（在今河南偃师）讲堂西侧。《石经》历经周折，宋金时期完全丢失。宋代以降，残石陆续出土。以往有学者认为《三体石经》是邯郸淳、卫觊和嵇康书写，其后被多数学者所否定，现在一般认为是曹魏多名书法家集体书写而成。

陆机《平复帖》（自备）
纸本　手卷　纵 23.8 厘米　横 20.5 厘米　现藏故宫博物院

该帖的书写年代距今已有一千七百余年，是现存年代最早并真实可信的西晋名家法帖。系用秃笔写于麻纸之上，笔意婉转老健，风格平淡质朴，结构茂密自然，其字体为富有情趣的草隶书。《平复帖》在中国书法史上占有重要地位，同时对研究文字和书法变迁皆有参考价值。

王羲之，字逸少，琅琊临沂人，官至东晋右军将军，人称王右军。七岁开始学书。其叔父王廙工章楷，对王羲之颇有影响。王羲之早年又师从卫夫人，后来遍观李斯《峄山碑》、蔡邕《三体石

南朝青瓷褐釉十足砚

直径13.4厘米　高4.7厘米　1960年江苏镇江出土　现藏中国国家博物馆

此砚呈浅盘状，砚面中间微凸，底部设有十足。人们使用瓷砚，始于三国。西晋以后，瓷砚表面逐渐凸起，边缘下凹，如此可积聚墨汁，利于使用。西晋中晚期，瓷砚大幅增加。

经》、钟繇《宣示表》等法帖和真迹，博采众长，推陈出新，创造了妍美流变的新体。王羲之的书体为历代学书者所推崇，影响极大，因此有"书圣"之称。其代表作有《兰亭序》《黄庭经》等，可惜真迹均未流传下来。现在流传的《万岁通天帖》，笔法稍带隶意，尚存羲之用笔法度。王羲之的妻子和诸子都擅长书法，尤以献之为最，和其家族信仰天师道有关。王献之，官至中书令，号称"大令"。献之既承家学，又师法张芝，兼精诸体，尤工行书、草书和隶书，因此和其父齐名，并称"二王"。唐人评价说：钟繇擅长隶书，张芝擅长草书，综合两人优点者，则是王羲之、王献之二人。

东晋王献之《鸭头丸帖》（唐人摹本）（自备）

手卷　绢本　纵26.1厘米　横26.9厘米　现藏上海博物馆

该帖 2 列 15 字，系王献之给友人的便札。帖文云："鸭头丸，故不佳。明当必集，当与君相见。"用笔跌宕起伏，情驰神纵，流美清秀。吴其贞《书画记》称其"书法雅正，雄秀惊人，得天然妙趣，为无上神品也"。该帖用墨枯润有致，以润取妍，以燥取险。帖上有元虞集题记，其后钤有北宋"政和""宣和"等印，还有明人董其昌等题跋。

东晋王献之《中秋帖》（宋米芾临）
纸本　草书　纵 27 厘米　横 11.9 厘米　现藏故宫博物院

该帖 3 列 22 字，帖文是："中秋不复不得相还为即甚省如何然胜人何庆等大军。"帖用竹料纸书写，这种纸东晋时尚制造不出，约到北宋时方才出现。该帖行笔丰润圆熟、线条连贯、行气贯通、潇洒遒劲，学人认为系宋人米芾临摹。正文右上乾隆御题签"晋王献之中秋帖"一行。

二王手书墨迹真本或早已失传，现在存世的二王之书多系唐宋人摹本。出自二王系统书法真迹者唯有《伯远帖》，历来被视作稀世珍宝。

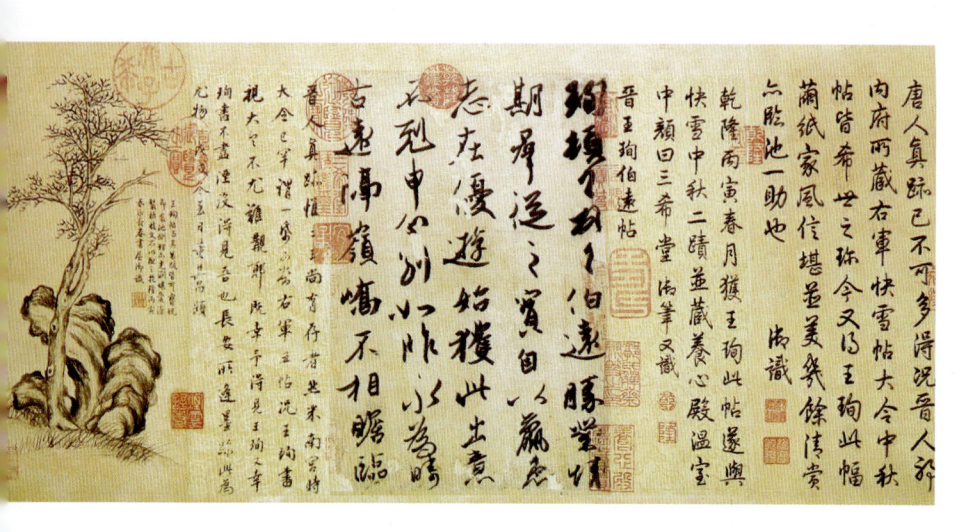

东晋王珣《伯远帖》（自备）
纸本　行书　纵25.1厘米　横17.2厘米　现藏故宫博物院

王珣，王羲之从侄。该帖是王珣所写的一封书信，5列47字。笔法削劲挺拔，锋棱毕现，结体严谨，笔画疏密有致，险峻而又端肃持重，由此可窥晋人书法神韵。乾隆对此极为珍视，将此帖与王羲之《快雪时晴帖》、王献之《中秋帖》藏于养心殿，专设"三希堂"。

东晋南朝书法的传统是二王的真书。而十六国、北朝书法则沿袭钟繇、卫瓘的旧书体。西晋末年，北方擅长书法的是范阳卢谌和清河崔悦，前者师法钟繇，后者学书卫瓘。这两个人的书法又通过家族子弟传承，历经十六国之乱，迄于北魏初年工书者，都出自卢、崔二门。因此，十六国北朝的书法，没有二王风流妍丽的情韵，却保持着古雅端庄的法度。北朝墓志，也是书法发展史的见证，如《张猛龙碑》《张黑女碑》《司马显姿碑》《元固碑》《郭显碑》等作品，莫不骨力雄劲、姿态典雅凝重。如果说南方书法的代表作是二王系统的书帖，那么北方书法的代表作，则是北朝的碑志。

绘画成就

两汉的绘画虽已有相当的成就，不过，作品几乎全部出自无名氏之手。魏晋以后，画家具有独立的社会地位。三国时期，佛教开始在江东地区传播，佛教画也如影随形地发展起来。吴兴人曹不兴擅画巨幅人像，他见到天竺传来的佛像，便临摹绘画，由此成为中国佛教画的始祖。其画风栩栩如生，有一次孙权请他画屏风，误笔掉墨，将错就错点成苍蝇的形状，孙权看到，竟然屈指弹之。曹不兴的弟子有卫协、张墨二人，一时享有盛名。据说卫协曾作《七佛图》，画好之后，不敢点眼睛；说点睛之后，恐怕佛会飘然飞走。

卫协的高足顾恺之，晋陵无锡（今江苏无锡）人，官至散骑常侍。同时代的谢安认为，顾画是"有苍生以来，未之有也"。顾恺之和老师卫协一样，都有画人不点睛的故事。他说，"传神写照，正在阿睹中"。他不但注意点睛的传神，还注意描绘人的性格和重视精神的表现。顾恺之的画作"春蚕吐丝"，"神妙无方"，为中国画的发展奠定了基本的规范。遗作有唐人临摹的《女史箴图》，虽然是临摹，但人物栩栩，呼之欲出，布局严密。

下页之图以手卷形式展现了曹植《洛神赋》的内容，被称为绝代之作。画面开端，曹植在侍卫仆从的护卫下来到洛水旁，凝神微波，惆怅徘徊。洛水女神头梳高髻，翩跹而来，目光流盼，欲语还休。接着洛神在蓝天碧水之间舒袖凌波，翩翩起舞，曹植携随从深情相送。全画用笔细腻古朴，若春蚕吐丝。人物神态刻画细腻，设色鲜艳厚重。《洛神赋图》在宋代摹本甚多，现存三卷，此卷最为完整（见宋摹本一）。

东晋顾恺之《洛神赋图》（宋摹本一）局部一
绢本 设色 纵27.1厘米 横572.8厘米 现藏故宫博物院

东晋顾恺之《洛神赋图》（宋摹本一）局部二

东晋顾恺之《洛神赋图》（宋摹本二）局部
绢本　纵 26.3 厘米　横 646 厘米　现藏辽宁省博物馆

　　图据曹植《洛神赋》作。此图传世摹本凡有数家，论者以此为最佳（见宋摹本二）。该图描绘曹植与宓妃相互爱慕之意，按照先后情节分段施画，兼录曹植原文，小楷为王献之所书，画文交融，工拙互见。其中人物回眸凝视，凄婉悱恻，正是传神阿睹；又以舟车飞逝的无情反衬人物间依依惜别的离情，极为动人。《石渠宝笈重编》定为宋人摹本。

　　六朝玄风大炽，崇尚道法自然，名士喜欢流连山水之间，山水画随之发展起来。顾恺之尝作《雪霁五老峰图》，被推为山水画开山之作，可惜画已失传。刘宋时期，宗炳喜欢游历名山大川，流连忘返，凡所游历，"图之于室"。萧梁时期，吴人张僧繇擅画人物，寺院壁画多数是他所画。由于绘画内容涉及佛教，绘画风格必然受到天竺画风的影响。他开始吸收天竺的晕染法，凹凸有致，这样，画面更加艳丽漂亮，更富立体感。

北齐娄叡墓壁画之骑吏出行图局部一

此组骑卫绘于娄叡墓墓道西壁中栏,是长卷仪仗出行图的组成部分。画面有八人三马。其人戴黑弁帽,着圆领或斜领袖衫,蹬长靴,执旌旗仪仗。队伍前列年长者二人,一着红衫,一着白衫。居中之马神态自若,傲然前行,其余两马顾盼左右。此画为北齐贵族出行的真实写照。画面构图紧凑,人物顾盼有神,艺术水平卓越。

北齐娄叡墓壁画之骑吏出行图局部二
山西太原王郭村娄叡墓墓道西壁第二层壁画　1979—1981年发掘

胡乐胡舞

两汉魏晋的乐府,基本来自民间,声乐有短箫铙歌《拂舞歌》《相和歌》等,这些歌辞合流以后,被统治阶层收入宗庙乐歌和军乐之中。西晋灭亡以后,"中原正音"渐成绝响,随着华夏衣冠纷纷迁移而出,来自漠北和西域的胡乐开始进入中原大地。东晋南朝,南方地区的声歌如《清商曲》中的《子夜》《石城乐》《莫愁乐》等,也大大发展起来。于是乎,南方旧乐,杂有吴楚之音;北方旧乐,多混胡戎之伎。

| 北魏陶女乐俑一
弹琴俑高 22.5 厘米

| 北魏陶女乐俑二
歌唱俑高 24 厘米
1953 年陕西西安出土　现藏中国国家博物馆

该女乐俑头顶十字髻，上身穿交领短衣，下着长裙，三人呈跪坐姿态，一人高歌，其余二人弹琴伴奏。魏晋南北朝时期，多数汉人士大夫喜爱弹琴，杜夔、嵇康、阮籍、谢安都是著名的琴家，琴曲创作达于巅峰，《广陵散》《胡笳十八拍》对后世影响甚大。

《西凉乐》是盛行于十六国北朝的音乐。在这种音乐中，既有秦汉旧法，又掺入了大量的胡人声调和乐器，如曲项琵琶、竖头箜篌，都出自西域，不是华夏正器。前秦末期，吕光至龟兹（今新疆库车），得其声乐，传播到中原地区，迄于隋唐，都受到影响。齐隋之际，乐器有竖箜篌、琵琶、五弦、笙、笛等十五种乐器。《龟兹乐》对中原大地的音乐影响甚大。北魏末叶，汉化不再是社会的主流，胡化的浪潮再次掀起，与之对应的是，龟兹乐传习渐盛。北齐时期，《龟兹乐》风靡一时，曹国人曹婆罗门在北魏时以擅长弹奏而闻名，其子曹僧奴、孙曹妙达，北齐时以擅长弹奏琵琶居然开府封王。北齐流行悲愁之乐，曲终乐尽，闻者莫不流涕。除此之外，还流行着《鲜卑乐》《天竺乐》《高丽乐》《康国乐》等。

| 北齐弹琵琶陶俑

魏晋南北朝的舞蹈，分为魏晋南朝和十六国北朝两个体系。《鼙舞》，舞者手持小鼓，边摇边舞，有时也持扇而舞，称为《扇舞》，刘宋时期称为《鞞扇舞》。这种舞蹈本来用16人，桓玄篡位称帝的时候，竟然改用64人，从此南朝因袭不改，是当时规模最大的舞蹈。此外，还有《杯盘舞》《巾舞》《拂舞》等。北朝舞蹈另成体系。北齐时有著名的《兰陵王入阵曲》，又称《大面》或《代面》，属轻柔软舞。北齐兰陵王才貌双全，经常戴着假面具冲突敌阵，曾经在金墉城下勇冠三军，遂创作此舞以效仿之。舞者戴假面具，紫衣金带，手执金桴，其对后世戏剧之发展颇有影响。

北齐弹琵琶陶俑局部
高 28.2 厘米
1973 年山西寿阳厍狄回洛墓出土
现藏中国国家博物馆

  墓主厍狄回洛是北魏末年的风云人物。俑头戴小冠，上身穿宽袖短袍，下身着裤。左手横持琵琶曲柄，右手抱琵琶琴身，用拨子弹奏。琵琶最早在汉代被称作"批把"，魏晋以后更名为"琵琶"。学者一般认为，曲项琵琶是在南北朝时期由波斯（今伊朗地区）经新疆地区传入内地的。曲项琵琶有四弦四柱，演奏者横抱，以拨子弹奏。曲项琵琶首先盛行于北朝鲜卑贵族，继而风靡大江南北，在隋唐时期成为主要伴奏乐器。

魏晋胡人击鼓图
2007 年甘肃高台出土

画面右边一胡人青年，身着黑衣，辫发，赤脚背鼓；身后另一青年着红衣、红巾，辫发，赤脚，双手持棍敲鼓。人物姿态生动活泼，色调对比强烈，再现了魏晋时期胡人演奏音乐的场景。

北齐徐显秀墓乐伎图
2002年山西太原徐显秀墓出土　现藏山西省博物院

该图主题为身穿朱红、棕色和白色袍衫的男女乐伎，或弹琵琶、箜篌，或吹笙笛、横笛，整个场面显得悠然自得，欢快轻松。这些乐器多从西域或中亚传入，显示了北齐社会与中西亚人经济、文化交流的日益密切。

北魏杂技俑

高20—26厘米　山西大同出土　现藏山西省博物院

这组俑由七件胡人俑组成，均为深目高鼻的胡人。其中一俑伫立仰首，额正中有圆孔，头顶长杆，上有两个儿童正在做惊险表演，这种杂技叫缘橦。其余六俑神态各异。

北魏石雕础伎乐童子

高16.5厘米　长32厘米　宽23厘米　1965年山西大同出土　现藏山西省博物院

此件盘龙纹屏障础，上部为鼓状覆盆，底座方形，四角上各有一圆雕伎乐童子，分别作击鼓、吹筚篥、弹琵琶和舞蹈状。人物面带笑容，形象丰满喜人。整件作品生动有趣，富有装饰性。石础雕刻手法与云冈石窟中部窟群风格类似，是北魏具有代表性的石雕作品。

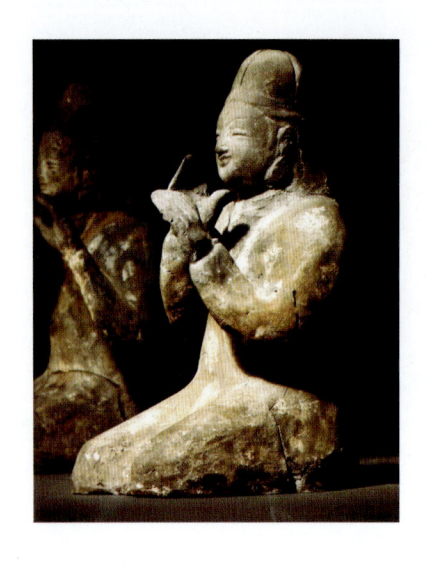

北魏伎乐俑

北齐黄釉乐舞图瓷扁壶
高 20.5 厘米　口径 5.1 厘米
1971 年河南南阳范粹墓出土　现藏河南省博物院

此壶施黄褐色釉，釉色不均，壶底无釉。两肩左右各有一系。壶腹两面刻有相同的画面：五人组成的乐舞场面。五人均高鼻深目，身穿窄袖长衫，足蹬锦靴。中央一人在莲花座上扭身起舞，右臂横举，左臂反手叉腰，转头回顾，表情生动，舞动激烈，急促多变，环绕急行。一般认为，扁壶上的乐舞，就是后来流行于唐代的胡腾舞。唐人李瑞《胡腾儿》描述："醉却东倾又西倒，双靴柔弱满灯前。环行急蹴皆应节，反手叉腰如却月。"左首二人吹笛、鼓掌，右首二人弹琵琶、击钹。十六国北朝，西域的音乐舞蹈传入内地，一直到东北亚，西凉乐、龟兹乐、康国乐、天竺乐等皆来自西域。是西域民族风格的呈现。这种扁壶，自六朝至宋辽都有发现。壶的形式是模仿游牧民族的革囊所作。这不仅是瓷器史上的标本，也是研究西域文化的实物资料。

石窟艺术

魏晋以来，随着佛教在中国的广泛传播，寺庙林立，在今山西、河南、陕西、甘肃、新疆、四川等地，不断开山凿窟，建造佛像。由于地质岩石构造不同，大同云冈、洛阳龙门等石窟宜于雕刻，艺术形式主要是石雕；而敦煌千佛洞、天水麦积山等石窟不宜开凿，艺术形式主要是壁画和塑像。这些石窟保存了大量的宗教、艺术和建筑方面的实物资料，是研究佛教和传统文化的重要资料。

云冈石窟在今山西大同西北二十五里，始建于453年，初凿五窟，每窟建造一个佛像，"高者七十尺，次六十尺，雕饰奇伟，冠于一时"。现存洞窟53个，主洞21个，东西绵延约一公里，壁龛无数，佛像多达10万余尊。其雕刻风格继承并发挥汉代石刻艺术的传统，同时吸取印度犍陀罗艺术及波斯艺术的精华，熔为一炉。最具代表性的昙曜五窟，布局严谨，设计恢宏，是中国佛教艺术第一个巅峰期的经典杰作。

| 云冈石窟第20窟

第20窟系昙曜五窟之一。史称昙曜五窟的造像，是以北魏五位皇帝为原型，象征皇权和神权合二为一。学界曾经认为，第20

窟的原型为道武帝，近年新说认为是孝文帝或献文帝。南壁及窟顶崩塌，佛像露天，北壁坐佛高达13.7米，造型雄健，身着袒右肩大衣，内着僧祇支。东西壁各雕一立佛，西壁立佛崩塌无存。该窟石佛反映出北魏佛像雄健宏大的气势，是云冈石窟的代表作。

龙门石窟又名伊阙石窟，在今河南洛阳市南二十五里处的伊水口两岸。西崖是龙门山，最早石窟始建于500年，东崖为香山，俱为唐代石窟。两崖石窟和露天壁龛有数千之多，西崖石窟绵延三里，远远望去宛如蜂巢一般。北朝石窟约占龙门石窟的30%。北朝壁画的内容，多以说法图和佛本生故事为主。

敦煌千佛洞，在河西走廊西侧，甘肃敦煌市东南四十里的鸣沙山上，古称莫高窟。开凿于366年，历经北魏、西魏、隋、唐以至元代，都有修建。现在存有壁画和雕塑的洞窟，共计492窟，壁画多达45000余平方米，彩塑像2100余尊，是中华民族伟大的艺术宝库。

第275窟是莫高窟现存最早的洞窟之一，造像风格与炳灵寺等十六国时代的石窟造像较为接近。图中交趾弥勒是莫高窟早期最大的弥勒像，虽经后代重新装饰，然仍未失原作精神，其面容依稀可见北魏风格，背景全是北魏式的壁画。造型淳厚，面部丰满。头戴三珠宝冠，肩披大巾，腰围羊肠大裙，表现出弥勒高居"兜率天宫"之势。下部壁画，内容为佛本生故事和供养人。敦煌石窟具有南朝画家倡导的"秀骨清像"之风格，同时兼备印度、伊朗、希腊的宗教艺术风格，被誉为中世纪的艺术宝库。

敦煌莫高窟第275窟交趾弥勒

| 敦煌壁画第 257 窟九色鹿本生图（自备）

据《佛说九色鹿王》所记，恒水边有鹿王，一日见人落水，负之救起，嘱咐不要告诉别人见过它。其后，该国国王梦见九色鹿，欲以鹿皮为衣，白角为饰，于是悬赏求鹿。溺水人贪赏告发，立即得到报应，面上顿生癞疮，口中恶臭。国王率兵围猎时，鹿王讲述了拯救溺水人的始末经过。国王深受感动，不仅释放了它，并且允许它随意行走，任何人不得捕捉。王后得悉消息，竟心碎而死。这个故事体现了佛教对负义与贪心的道德谴责。壁画线条刚劲有力，色彩精美，是莫高窟中最完美的连环画式的本生故事画，也是敦煌壁画中最具代表性的壁画之一。

麦积山石窟，在今甘肃省天水市东南约三十五公里处，始建于北魏。和敦煌千佛洞一样，岩石酥脆，不宜雕刻，故其佛像多为泥塑。现存佛像以北朝居多。古人称赞麦积山石窟的工程技术："峭壁之间，镌石成佛，万龛千窟。虽自人力，疑是神工。"

炳灵寺石窟第 169 窟北壁无量寿佛龛内观音像

　　第 169 窟的龛形多为泥塑背屏式，造像以立佛居多。最引人注意的是无量寿佛像，龛侧有西秦建弘元年（420）墨书题记。右侧彩塑菩萨立像，保存完好。菩萨头顶束发，发辫垂肩，袒露右肩，斜披络腋，下身着裙，左手于胸前执宝珠，右手下垂握巾带。容颜和肢体涂成白色，皓似明月。衣裙分涂红色和绿色，色彩对比鲜明。面相温和，姿态娴雅，是十六国西秦石窟造像中的杰作。

科技篇

《齐民要术》

北魏末年贾思勰所撰《齐民要术》，是我国现存第一部完整的农书。《齐民要术》全书共十卷九十二篇，约11万字。内容广泛，包括谷物、菜蔬、瓜果、树木等农作物种植之法，也包括家禽家畜饲养、养鱼、酿造、腌菜等内容。凡是和农业民生相关的，莫不涉及，尤其强调农业的精耕细作，力求高产。《齐民要术》还记载了有关农作物的轶闻趣事，以及海外的珍稀植物。此书不但集北方农业生产经验之大成，而且还再现了北朝农村生活的场景，价值很大。《齐民要术》总结了黄河中下游地区农业生产的经验，标志着北方农业地区精耕细作系统的日臻成熟。

孙吴陶踏碓
长13厘米　宽3.9厘米　1958年江苏南京出土　现藏中国国家博物馆

这是孙吴随葬品模型。实用踏碓多是木制而成，底部长木一端有一圆形凹坑，放入加工的谷物，上部长木一端安有击锤，人力踩踏另一端，冲捣谷物，脱去皮壳。三国孙吴政权通过大兴水利、开辟屯田等方法，使农业生产得到极大发展，长江流域得以开发。

贾思勰博物强志，征引广博，引用前人著作多达1500余种，有些重要古书如汉代的《氾胜之书》《四民月令》等，因为他的引用才得以流传后世。贾思勰在撰写著作时，把丰富的农业知识放在生产实践中进行检验，无疑增强了《齐民要术》的科学价值。在此后一千年间，北方旱地农业技术基本上没有超出《齐民要术》所指的范围。《齐民要术》甚至说明有性繁殖通过授粉来完成，欧洲类似的技术在一千二百年后才出现。

晋青瓷猪圈
直径10厘米　现藏中国国家博物馆

青瓷猪圈模型是西晋江南地区常用的随葬用品。这件猪圈圆形，较小。《齐民要术》记载"圈不厌小，圈小，肥疾"，圈小，猪才长得快。两汉以降，中国已经普遍使用粪肥作为饲料。粪肥的广泛使用，也是农业发展的驱动力。

青瓷制造

釉陶是我国源远流长的一种工艺。青瓷是陶器中的粗瓷器。六朝青瓷获得空前发展,主要归功于黏土处理技术、釉料成分、窑炉系统以及火候控制的成熟和改进。这些微观技术的更新换代,使得瓷器颜色更加均匀,釉层厚度更加一致,胎釉结合度更高,从而减少了釉面的开裂和剥落现象。青瓷器的釉通常有两种色调:略呈灰绿色调的青色釉和土黄釉。青瓷制作是中国瓷器发展的主流。六朝青瓷所达到的成就可与宋元明时期的瓷器相媲美,甚至在某些方面已经接近现代瓷器的标准。

孙吴青瓷熊灯
高 11.5 厘米　灯盘直径 9.7 厘米　1958 年江苏南京出土　现藏中国国家博物馆

这件熊灯灰白色胎,土黄色釉。灯盘为钵形,灯柱为幼熊举手抚头状,腹部鼓起,四肢瘦弱,身体上有若干细纹表示鬃毛。底盘底面刻有"甘露元年头顶钵形灯五月造"的字样,是年为 265 年。熊坐在底盘,头顶灯盘,憨态可掬。该灯盘熊灯显示了工匠极为熟练的制作技术和卓越不凡的艺术品质。

孙吴青瓷羊形烛台
长 30.5 厘米　高 25 厘米　1958 年江苏南京出土　现藏中国国家博物馆

　　这件羊形烛台系浅灰色胎，通体青灰色釉。形为卧羊，头顶凿一圆孔，体内为空。学者认为这是烛台，也有人认为是盛水器。这件烛台釉色均匀，晶莹剔透，显示出工人在烧造原料的选择方面独具匠心。整件形体简洁明快，局部刻画细致精细，力求显示羊的驯服和可爱之性格，反映了孙吴时期青瓷制造精益求精的艺术追求。

东晋黑釉鸡首瓷壶
高 15.6 厘米　盘径 7.1 厘米　1969 年江苏镇江出土　现藏中国国家博物馆

　　这件鸡首壶是盛酒器，注入口系盘形，细颈，扁圆腹，肩部前端有一鸡首形流，后端有椭圆形把手，肩两侧是两个对称的桥形钮。瓷胎灰色，质地坚硬细密，器壁上薄下厚。瓷胎外表大部分施深褐色釉，靠近底部部分不施釉。釉层较厚，釉色均匀。黑色釉瓷器系黑瓷，是在青瓷制造的基础上发展而来的。东晋制造黑瓷的瓷窑在今天浙江德清一带，后人称为德清窑。德清窑色黑纯正，釉色配方合理，工艺成熟大气。这件黑瓷鸡首壶正是德清窑的代表作。

青瓷是六朝墓葬中最为常见的随葬品，即便最贫穷最卑贱的人在墓中也会置放一两件青瓷器。青瓷也是精美的工艺品。青瓷器具有物美价廉、耐用防水的功效。南北青瓷的差异非常鲜明，与南方瓷器相比，北方瓷器胎体较厚，色泽灰白，釉色较厚，青中微黄，更具玻璃质感和流动性，形体偏大，种类繁多。这一时期，还有质量很好的黑瓷面世。北朝还出现了白瓷。白瓷也是中国陶器史上的里程碑，它是后来各种彩绘陶器的基础。

北齐青釉绿彩四系罐
高 23.5 厘米　1958 年河南濮阳出土　现藏河南省博物馆

该罐直口短颈，肩附四系，腹部以上塑覆莲瓣，莲瓣宽肥，瓣尖微卷。施青釉，釉下饰以条状绿彩。腹部以下至于底部均不施釉。此罐工艺精良，轮制成型，胎质细密坚实，是北朝青瓷的代表作品。

生活篇

饮食习俗

魏晋南北朝时期，人口迁徙日渐频繁，尤其是北方人口大量南迁，饮食习惯随之带到迁入的地区，并与当地习俗相结合，形成了新型的地方饮食特色。另外，北方少数民族纷纷内迁中原，带入许多新的食物及烹作之法，进一步丰富了民众的饮食内容。该时期出现《食疏》《食经》等大量讨论饮食文化的书籍。

统治阶层经常出现奢靡铺张的事例，西晋何曾每天饮食耗费一万钱，即便如此，他吃饭时还是觉得没有下筷之处；其子何劭更是变本加厉，珍禽异兽都沦为他的口中餐，每天饮食耗费二万钱。《食疏》即为何曾所撰，对后世影响较大。

当时人们的日常饮食，以粮食和蔬菜为主。各种粮食作物的生产区域大致是：江淮以南以水稻种植为主，北方则以谷物、豆类、大小麦为主。《齐民要术》记载的粮食作物有谷、黍、大豆、小豆、大麦、小麦、水稻、旱稻等，几乎将人们日常食用的主要粮食作物都收罗在内。简单而言，南方人以稻米为主食，北方人以粟为主食，做法大致是或蒸或煮，与现代相似。稻、粟以外，麦饭也是重要主食。粥在日常饮食中也极为重要，有白粥、麦粥、粟粥等。白粥即为白米粥，上至士族高门，下至普通士庶，都以此为日常主食。粟粥则是小米粥，在北方较为普遍。小麦经过磨制、加工成面粉后，即可制成各种各样的面食。当时的各种面制品泛称为"饼"。贵为皇亲国戚，贱为庶民百姓，日常饮食都离不开饼。当时的饼有胡饼、汤饼、乳饼、蒸饼等，馒头等食物也归为饼类。人们经常食用的蔬菜有韭菜、芹菜、茄子、菜瓜、芋头、胡瓜、冬瓜、蘑菇、竹笋、莲藕等。就烹饪技术而言，人们已经能够将普通蔬菜的做法花样翻新：一种菜能做成数十道佳肴美食。腌菜在当时已经极为普遍，《齐民要术》记载有咸菹法、酢菹法、汤菹法等腌菜之法。肉食的种类也很丰富，主要有猪、牛、羊、驴等家畜，鸡、鸭、鹅等家禽以及兔、鹿、野猪、雁、雀、鹌鹑等野味。北方食肉以羊肉为主，羊肉是游牧民族最为喜欢的肉食。当时人声称：羊是陆产之最，鱼为水族之长。

曹魏农桑畜牧壁画
1973年甘肃嘉峪关出土

　　该墓室为汉晋时期河西地区段氏家族的墓地。墓室墙壁上彩绘着采桑、守卫、耕作、畜牧等多种与农牧业生产相关的内容，是研究魏晋生活史的珍贵资料。前室东壁采用一砖一画的形式，上部绘有三组假门，可能寓意粮仓。施色以朱红、赭石、淡黄为主，绘画风格直率简练，表现生动。

曹魏农桑畜牧壁画局部

西晋庖厨宴饮壁画
1973年甘肃嘉峪关出土

　　该壁画采取一砖一画的形式，描绘了放牧、乘骑、庖厨、宴乐、饮食等生活情节。画风粗犷，设色丰富，展现了该地区居民农牧业的生活情况。

十六国铁盖铜锅
通高 26.5 厘米
1965 年辽宁北票出土
现藏辽宁省博物馆

该锅系大镂孔高圈足，腹一侧出夹鼻，连接可以启合的铁盖，盖与锅作子母扣合，盖顶附游环为钮。锅耳连接铁环，悬于上面的铁梁，梁端铸有龙首。锅、盖光洁无有纹饰。镂孔高圈足的圈底深腹锅为北方鲜卑民族的炊具，一般为立耳，无提梁。此锅附耳提梁，前所未见。提梁饰龙首，带有鲜明的汉文化特征。

这件青铜鍑口沿上有双立耳，腹部呈筒形，圈足有镂孔。青铜鍑适宜游牧民族在野外烹煮时使用，是游牧民族经常使用的炊具，也是草原文明的代表器物之一。六世纪以后，中国几乎不再使用青铜鍑。而在更北部的游牧民族，青铜鍑的使用一直持续到八世纪。

北魏圈足青铜鍑
高 19.5 厘米 口径 12 厘米
1961 年内蒙古土默特旗出土
现藏中国国家博物馆

酒是该时期最为流行的饮料。刘伶、山涛等人都以酒林高手闻名。《齐民要术》记载各种酒的做法，葡萄酒也开始从西域传入中原。与此同时，茶的流通日渐普遍。饮茶在南方蔚然成风，北方少数民族抵制饮茶之习，他们喜欢渴饮酪浆。

南朝青瓷托盏
高 9.9 厘米　托直径约 16 厘米　盏径约 12.1 厘米
福建福州出土　现藏中国国家博物馆

这件托盏由盏和托组成，盏为碗形，托为圆盘，下有圈足，盘中心凸起圆形托圈，恰与盏大小相合。茶煮好后盛入盏中，盏放在托上，不致烫手。魏晋时期，茶的流通范围扩大，逐渐成为日常饮料。东晋以后，江南地区饮茶成风，茶成为招待客人的必备品。

服饰之繁

魏晋南北朝时期，胡汉文化相互冲突，相互接触，逐渐趋于融合。但是，该时期的服饰堪称复杂多变，"乍长乍短，一广一狭，忽高忽卑，或粗或细，所饰无常"。可以说，该时期的服饰在胡汉文化的融合中，经历了复杂多变的演变过程。

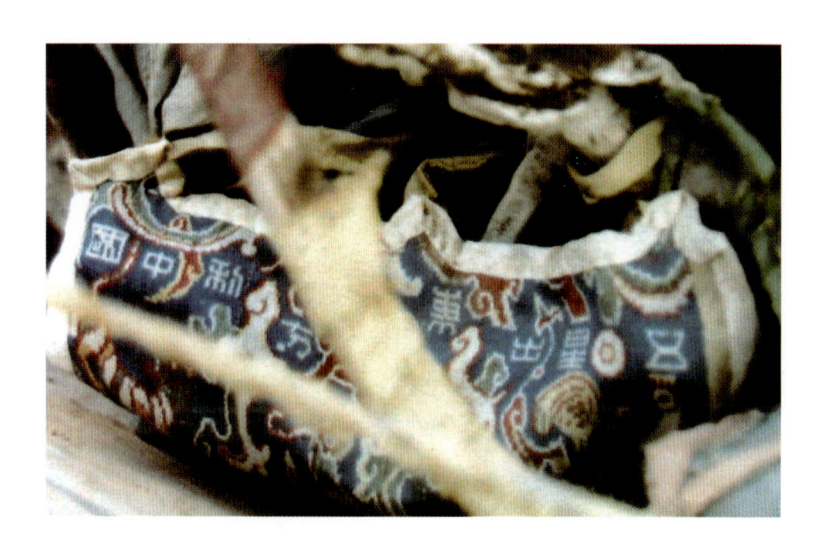

汉晋"五星出东方利中国"锦护膊

尼雅遗址8号棺木。在棺木内，发现一位男子，身旁有配弓、圆筒形箭囊和绘彩箭杆，强弓仍然有弹性，箭囊里保存着完好无损的箭。随葬木盘内，置有风干的羊腿、小刀、糜谷饼、梨、葡萄等物。棺木上层发现一色彩艳丽的锦袋，上面有篆书字："五星出东方利中国"。《晋书·天文志》中有"五星分天之中，中国利"的文字记录。尼雅这次大发现，揭示了汉晋王朝与尼雅地方统治集团的密切关系，也深化了对"丝绸之路"南道的认识。

魏晋时期的服饰，依然依循秦汉旧制。永嘉以后，胡族纷纷入主中原。胡族初建政权时，仍着本民族服装，之后受到汉文化的影响，改易汉服。其中最具代表性的，就是北魏孝文帝的汉化改革。鲜卑百姓的服装多为夹领小袖，孝文改制后，一律改为汉人服装。与此同时，在原来汉服的基础上，也吸收了北方游牧民族服装的优点，服装的剪裁和样式更加合体，更加精美。西北地区少数民族的服装——胡服，成为社会上极为流行的装束。

东晋陶女俑
高 33.7 厘米　1955 年江苏南京出土　现藏中国国家博物馆

这件陶俑头戴巾子，上身着窄袖襦，下身穿及地长裙。三国时吴地女子的衣服是上长下短，东晋时期江南女子的上衣变短。目前所见女俑以大袖居多，从事杂役者则以小袖居多，便于劳作；在外劳作者裙子较短，居家者裙子较长。从这件女俑的服饰观察，其身份极可能是家内侍女。

魏晋之际，王公名士厌弃冠冕公服，以幅巾束首，蔚然成风。苏轼《念奴娇》所云"羽扇纶巾，谈笑间，樯橹灰飞烟灭"，其中的"纶巾"，就是以巾束首。六朝冠制，有"平上帻"，或叫"小冠"。六朝时期的主要冠饰是笼冠，其他的样式还有"高白帽""突骑帽"等。

下页的这件俑头戴笼冠，身穿袴褶服，展现了北朝部分官僚和侍从的穿戴。笼冠由汉代的武弁大冠发展而来。弁多用鹿皮或布制作，有的表面涂漆。以后铁头盔增加，武官大弁不再适用，弁就演变为笼状硬壳，嵌在帻上。最高级的武弁大冠和笼冠是皇帝近臣如侍中所佩戴。笼冠内多有小冠约束发髻。

北朝笼冠陶俑
高 27.3 厘米　1948 年河北景县出土
现藏中国国家博物馆

东晋"富且昌宜侯王天延命长"
织成履一
长 23 厘米　宽 8.5 厘米　高 5 厘米
1964 年新疆吐鲁番出土　现藏新疆维吾尔自治区博物馆

东晋"富且昌宜侯王天延命长"
织成履二

　　此履用丝、麻分别编织。以海蓝、褪红、杏黄、烟、绛、绿、黑、白八彩丝线编成面，用麻线编织底部与衬里。履面花纹分成两部分：前脸四排花，整体似一兽面。第一排白地正中为蓝色倒山纹，两侧分别是左右对称的"富且昌""宜侯王""天延命长"三行文字。第二排绛红地显绿色左右对称的双叶与点梅。第三排是绛红地显对称的忍冬纹。第四排即履尖。履面、履里和履底均以缠纠法缠织。与此鞋同时出土的还有东晋时期的文书，说明此鞋系东晋文物。在我国历年出土的古代编织履中，此履工艺精良，色泽艳丽，冠绝一时。

六朝服装有两种形式：一是汉式服装，延续秦汉时期的特色；一是胡人服装，继承游牧民族的风俗。汉服主要有衫子、袍襦、裤裙、宽衣博袖。胡人服装，主要有袴褶、裲裆、袴褶等。中原地区的妇女服装，由于受到胡人服饰的影响，由宽衣褒带转变为窄袖紧身。

孙吴陶院落
长54厘米　宽48厘米　1967年湖北鄂州出土

这件类似四合院的陶院落，前有厅堂，后有正房，两侧有厢房。围墙有前后门，前门有门楼，门楼上刻有"孙将军门楼也"的字样。围墙四角各有一座角屋，门楼和角屋的功能是侦察敌情和守卫院落。陶院落是随葬冥器，但其原型必然是生活中的建筑形式。学人推测这座墓的主人是孙吴武昌都督、平荆州事孙述。

交流篇

使节往来

魏晋时期，今天的日本尚处于战国时期，列国林立，邪马台国成为许多小国的共主。233年，邪马台女王卑弥呼派遣使节来到曹魏首都洛阳，两国君主互赠礼物，曹魏的回礼中有白绢、黄金、刀、珍珠、铜镜、金丹等。243年，卑弥呼女王又派遣使节来到洛阳，馈赠倭锦、丹木、棉衣、短弓等礼物。卑弥呼死后，邪马台又数次派遣使节来到洛阳。西晋统一后，邪马台国派遣使节来到洛阳，重申国际友谊。两晋之际，日本的大和国逐渐统一四国，向朝鲜半岛扩张势力。大和国与东晋南朝之间的通聘，多达十余次。285年，江南的裁缝路经百济到达日本。与此同时，儒家典籍《论语》也传到日本。470年，大和国从江南聘去大量北方织匠、南方织匠和缝衣师等。472年，大和国下令本国种植桑树。日本的养蚕和丝织业，开始发展起来。

百济国的前身是马韩部落。两汉时期，马韩共分为五十四个部落。晋武帝时期，马韩部落的首长派遣使节来到洛阳，通聘多达七八次。346年，其中的百济部落建立了百济国。百济王室是夫余氏。百济国先后十一次派遣使节到达东晋的都城建康。之后，四次派遣使节来到北朝洛阳、邺城、长安进行访问，互赠礼物。百济很早就从辽东地区引入了五帝神。384年，百济国从东晋引入佛教。百济人爱好中国文化，善于用汉文写作。541年，百济使节来到建康，请聘《毛诗》博士、《涅槃》等经师，以及工匠、画师等。侯景乱后，百济使节看到建康城破的残败景象，不禁放声痛哭。

这幅《职贡图》为北宋熙宁十年（1077）摹本，有北宋苏颂题记，元代康里巙巙、王余庆题跋。史料记载，该图原有二十五国少数民族及使节画像，民国时溥仪携带此图，致使遗失十三国使者及题记。现存的十二国使者为：滑国、波斯、百济、龟兹、倭国、

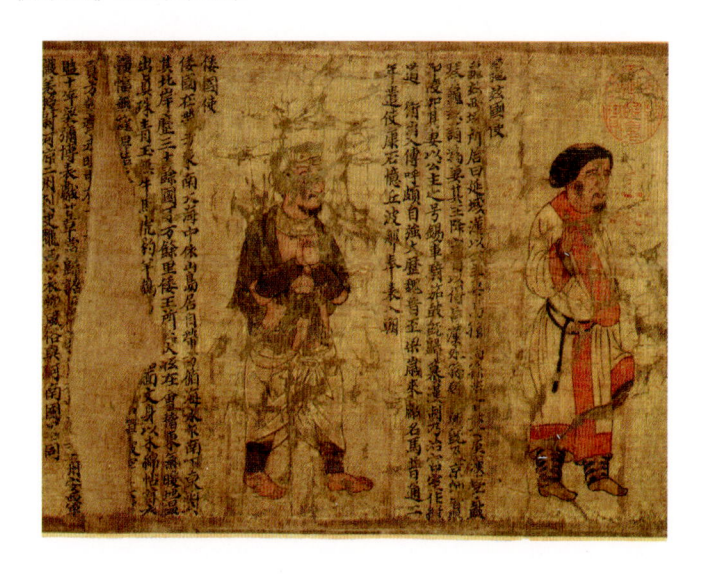

《职贡图》北宋摹本局部一

《职贡图》北宋摹本局部二
绢本 设色 纵25厘米 横198厘米 现藏南京博物院

狼牙修、邓至、周古柯、呵跋檀、胡蜜丹、白题、末国。每人身后附有简单题记，记载该国情况及与中国来往历史。倭国与狼牙修之间有缺失，倭国后半部题记佚失，续接一段关于宕昌的情况。这幅画作为梁武帝第七子萧绎担任荆州刺史时所作，大概完成于539年前后。摹本以铁线描画，线条遒劲流畅，敷色简洁高雅。肤色、容貌、须发、服饰、姿态及表情迥然各异，此画集中展现了不同地区、不同民族的使节在南朝朝贡时既紧张严肃又欣喜欢快的情态。

货通天下

十六国以后，北魏重新统一北部中国，河西走廊控制在北魏政府手中。中西交流一度断绝的丝绸之路，再次畅通无阻，促进了各国之间的商贸往来。西域以及更远的商人——包括东罗马商人——先后来到中国，买卖西域及中国商品。北魏与西域各国的贸易最为密切。北魏都城洛阳设置四夷馆。一些西域商人因为喜爱中国生活而移居洛阳，侨居洛阳的外国人多达一万余家，其中多是西域人。

从西域输入中国的商品有：农果类，如葡萄、苜蓿、石榴、胡瓜、胡麻、橄榄、胡桃、胡葱等；动物类，如白象、孔雀、狮子、鸵鸟、汗血马等；杂物类，如香料、皮毛、玻璃器、珠宝等。其中，玻璃器最为珍贵。中国输入西域的商品主要是丝织品，其他还有桃、李、玫瑰、茶树等。中国的养蚕丝织技术在汉代已经传播到于阗，魏晋时期继续向西方传播。552年，养蚕丝织技术传到东罗马，之后又传到欧洲。

六朝时期的广州是一个重要港口，是外国商人和使节来到中国的主要登陆地点。梁朝时，每年都有十几次海船到达广州。天竺、师子国、大秦、波斯与南朝有广泛的贸易往来。舶来的波斯商品中有朱砂、琥珀、珍珠、雌黄、水印、石密等珠宝和药物，还有胡椒等香料。中国的商品也输出到这些国家，阿拉伯人的史书中记载，五世纪时曾在波斯湾及幼发拉底河上见到中国船只出没。六朝时期的中国还不能制造玻璃器，而罗马帝国制造玻璃器历史悠久，质量优良。南京出土的东晋墓葬中，则发现了一些罗马帝国的玻璃器物。

下页的这件青铜杯是北魏时期输入中国的西亚或中亚产品，带有强烈的希腊化风格。学人推测是中亚巴克特利亚地区的产品。古印度贵霜帝国的中心区域巴克特利亚受古希腊人统治一百多年，古希腊艺术对这一地区有重大影响。北魏平定夏、北凉、鄯善、焉耆和龟兹以后，打通了河西走廊至西域的道路，西域的破落那国（原称大宛国，位于今塔吉克斯坦境内）、者舌国（位于今乌兹

交流篇

141

北魏鎏金镶嵌高足青铜杯
高 9.8 厘米　口径 11.2 厘米
径 6.8 厘米
1970 年山西大同出土
现藏大同市博物馆

别克斯坦境内）、悉万斤国（位于今乌兹别克斯坦境内）、粟特国（可能在今里海一带）、哒国以及位于伊朗高原上的波斯萨珊王朝多次派遣使节到平城访问，这种交流在 435—479 年间达到高潮。在国际交流的同时，各种商品也随之来到北魏都城平城。

此杯做工精良，玲珑剔透，口沿翻成圆唇，底部缠玻璃条成矮圈足，平底。杯体呈淡绿色。腹部缠三条波浪纹饰，波峰和波谷相互啮合，形成网目纹。内壁光滑细腻，外壁有明显的水平纹理，说明此杯是采用模吹制法成型。模吹制法在地中海一带流行已久。据分析，此件玻璃杯是普通的钠钙玻璃杯，与罗马帝国的玻璃杯成分相同。学人推测是东罗马帝国黑海北岸的产品。该时期的中外交通在南方主要依靠水路，而在北方主要依靠陆路。此杯出自封氏家族墓群，封磨奴曾经出使张掖，说明这件罗马玻璃器极可能是通过北方的丝绸之路传入的。

北魏网纹玻璃杯
高 6.7 厘米　口径 10.3 厘米
足径 4.6 厘米　壁厚 0.2 厘米
1948 年河北景县出土

北魏狩猎纹鎏金银盘
高 4.1 厘米　口径 18 厘米　圈足高 1.4 厘米　直径 4.5 厘米
1981 年山西大同出土　现藏大同市博物馆

  这个银盘出自北魏封和突墓。其狩猎纹饰是波斯萨珊王朝常见的纹饰，其构图具有典型的波斯萨珊王朝艺术风格，属于皇室所使用的"皇家银盘"。主体图案为狩猎图。狩猎图中央站立的是一个伊朗脸型的中年男子，蓄有络腮胡须。头上似用圆形帽子罩住头发。帽子的前额有一道九颗珍珠组成的帽饰，图中仅露左侧的一半。脑后有萨珊波斯式飘带两道，这是典型的萨珊王朝装饰。耳挂一水滴形垂珠，颈部挂一由圆珠串成的项链，腕上戴一件由圆珠组成的手镯。腹部前面的腰带上也缀以圆珠两颗，带的两端摇曳下垂。臀后也有一对较简单的飘带。裤脚紧裹于腿上，下达踝关节。脚上所穿的靴子似乎是皮革制成。狩猎者两手持矛，他的身前身后有三头野猪潜伏于芦苇丛中。狩猎人物的神态稳重安详，微觉平滞，这也是萨珊艺术中喜欢表现的形象。

  下页的杯子银质，鎏金。杯敞口，微束颈，深鼓腹，高足。人物和动物均为高浮雕，杯口雕相对而卧八只鹿，杯身雕女性手持器物，间饰以浅刻"阿堪突斯"叶纹，叶上承托高浮雕男性头像，属于波斯萨珊王朝饮器，显然是舶来品。这是北魏中西文化交流的见证。

北魏人物动物纹鎏金银高足杯
高 10.3 厘米　口径 9.4 厘米
1970 年山西大同出土
现藏山西省博物院

北齐陶骆驼
高 29.8 厘米　长 26.6 厘米
1955 年山西太原出土

  这件陶骆驼是北朝雕塑的佳作。造型精美，骆驼身体部位符合比例，构造恰当。身上负有穹庐。制作方法繁简互见，层次分明。中原汉人极少使用骆驼，随着北方游牧民族的内迁，骆驼逐渐进入民众的日常生活，运输货物。骆驼俑在北朝墓葬中较为常见，与陶人俑、陶牛车共同组成仪仗俑队。骆驼也是中西文化交流的主要工具之一。

  扁壶，模制，扁腹呈梨形，圆口，矮圈足，施黄色釉，正背两面纹饰相同。口缘与底座周边饰以连珠纹和叠带纹，颈部饰云纹。壶两侧浮雕象头，鼻内侧各垂连珠纹至底，与左右边相接构

北齐青釉狮子扁壶
通高28厘米 宽16.5厘米
口径5.5厘米 1956年山西太原出土
现藏山西博物院

北周鎏金萨珊银壶
高37.5厘米
1983年宁夏固原李贤墓出土
现藏宁夏回族自治区固原博物馆

成壶腹主纹的边框。壶腹正中为一胡人，左右各有一昂首翘尾蹲坐的狮子，狮背上角各有一人作舞球状。该器明显受外来文化影响，是北朝时期中西文化交流的见证。

此银壶上铸有一个深目高鼻、头戴圆帽的胡人头像。壶身采用锤鍱之法制成一周三组男女相对的图像。男子裸体，身披斗篷，手持短矛，似与相对的女子有别，具有明显的西亚色彩。学人断定是波斯萨珊王朝的杰作。银壶的发现地正处于古代丝绸之路的东段据点之一。这件波斯银壶反映了中西之间的文化交流、商品贸易及友好往来。

结 语

魏晋南北朝将近四百年的历史以动荡分裂、战乱频繁和民族冲突为显著特色。汉帝国崩溃后,接踵而至的是半个多世纪的魏、蜀、吴三国争雄。分久必合,西晋重归统一,但不过是昙花一现,西晋在游牧民族铁骑的冲击下四分五裂。司马氏渡江偏安江南,与驰骋北方的胡人政权划江对峙。北方历经五胡十六国的混乱,至北魏、北周重归统一,力量在不断积蓄;而南方在东晋政权之后,由宋、齐、梁、陈四朝相续递嬗,力量逐渐削弱。在这种力量消长的局面下,杨坚篡周建隋,挥军南下,一举灭陈,终于完成中国的统一。走马灯似的胡汉政权的轮番交替,构成这段历史的一个特色。

然而,魏晋南北朝前承秦汉帝国,后启隋唐帝国。这段历史的时代主题不只是动荡和分裂。分久必合,长达四百年的分裂中孕育着统一的因素。该时期的时代主题还体现为两点:

一是士族阶层的成长壮大。两汉的士人群体,在魏晋时期演变为士族阶层。士族门阀在政治舞台和社会活动中占据主导性地位,儒学退居幕后,玄学、佛教和道教见缝插针地发展壮大;这些因素使六朝的皇权相形失色。

二是民族融合的艰难历程。西晋帝国崩溃,诸多游牧民族开始大规模内迁,各民族交错杂居,中原人民的大量南迁,促进了长江流域的开发。少数民族的生活习惯、风俗文化,开始和汉地社会发生冲突、交流以至融合,构成这一时期的主旋律。这些因素的合力,催生出辉煌灿烂、气象宏大的隋唐帝国。

参考书目

白寿彝主编：《中国通史》（三国两晋南北朝卷） 上海人民出版社 1995年

陈寅恪：《魏晋南北朝史讲演录》 贵州人民出版社 2012年

川胜义雄：《中国の历史：魏晋南北朝》 株式会社讲谈社 1974年

范子烨：《中古文人生活研究》 山东教育出版社 2001年

韩国磐：《魏晋南北朝史纲》 人民出版社 1983年

何兹全：《魏晋南北朝史略》 上海人民出版社 1958年

刘显叔：《中国历史图说：魏晋南北朝》 世新出版社 1984年

吕思勉：《两晋南北朝史》 上海古籍出版社 1983年

王仲荦：《魏晋南北朝史》 中华书局 2007年

阎步克：《波峰与波谷：秦汉魏晋南北朝的政治文明》 北京大学出版社 2009年

伊沛霞：《剑桥插图中国史》 山东画报出版社 2002年

朱大渭等：《魏晋南北朝社会生活史》 中国社会科学出版社 1998年

《中国博物馆丛书》 文物出版社、株式会社讲谈社 1983—1985年

《中国墓室壁画全集·汉魏晋南北朝》 河北教育出版社 2011年